U0652034

孩子眼前一面墙

图解幼儿园班级主题墙的虚与实

崔 岚 许 玭◎编著

华东师范大学出版社
·上海·

图书在版编目（CIP）数据

孩子眼前一面墙：图解幼儿园班级主题墙的虚与实 / 崔岚，许玭编著 . — 上海：华东师范大学出版社，2017

ISBN 978-7-5675-7185-3

Ⅰ . ①孩… Ⅱ . ①崔… ② 许… Ⅲ . ①幼儿园 – 环境设计 – 图解 Ⅳ . ① G617-64

中国版本图书馆 CIP 数据核字 (2018) 第 028376 号

孩子眼前一面墙

—— 图解幼儿园班级主题墙的虚与实

编　著	崔　岚　许　玭
责任编辑	沈　岚
责任校对	时东明
装帧设计	卢晓红　宋学宏

出版发行　华东师范大学出版社

社　　址　上海市中山北路 3663 号　邮编　200062

网　　址　www.ecnupress.com.cn

电　　话　021-60821666　**行政传真**　021-62572105

客服电话　021-62865537

门市（邮购）电话　021-62869887

地　　址　上海市中山北路 3663 号华东师范大学校内先锋路口

网　　店　http://hdsdcbs.tmall.com

印 刷 者　上海华顿书刊印刷有限公司

开　　本　787毫米×1092毫米　1/16

印　　张　13.25

字　　数　219 千字

版　　次　2018 年 4 月第 1 版

印　　次　2022 年 12 月第 7 次

书　　号　ISBN 978-7-5675-7185-3 / G·10783

定　　价　59.00 元

出 版 人　王　焰

（如发现本版图书有印订质量问题，请寄回本社客服中心调换或电话021-62865537联系）

假如，给我和孩子一面墙

九十年代初期，作为一名教师，我参加了《幼儿园工作规程（试行）》试点工作；到九十年代中后期，作为教研员，我又亲历了上海市第一、第二期幼儿园课程改革；时间推移到 2000 年后，国家教育部领导下的连续十年、为期两届的《幼儿园教育指导纲要（试行）》的行动研究期间，"环境课程化"的实践探索给我留下了深刻印象。单这些年里班级墙面环境的变革中，我便亲眼目睹了我们幼儿教师是如何跟随着课改理念，让教室的墙面从一成不变到对其进行装饰与美化，再到当下重视师生共建的过程，从中感受到幼儿教师们对幼儿成长的理解更加深厚与专业，对幼儿的生命也更加尊重与热爱。

但同时我也经常在看着、想着：墙面环境到底应该如何适应课程、适合幼儿的经验？所以，当我走近幼儿，走到他们和老师共同创设的墙面环境下，有时便会生出一种梦想——假如，给我和孩子一面墙，我们会和这面墙怎么对话，又会赋予它怎样的生命活力呢？

假如，给我和孩子们一面墙，我第一个愿望就是：这面墙就在我们的眼前，不要很高，不要孩子们即使踮起脚尖、伸长脖子，小手还依然够不到。所以，我会和孩子们一起去与园长妈妈商量，把那面墙放下来，放得矮矮的，放到我的孩子们能够触手可及、自己布置、自己张贴的位置，可以点哪儿说哪儿，不会被同伴抬着头反复问"你讲的东西是哪个啊，在哪里呢"。

　　假如，开学了，我们会一起让这面墙空空的，共同迎接新学期的到来。如果我的孩子只有三岁，刚刚进入幼儿园，我会让他们把自己最喜欢的玩具带来，每天和一些孩子聊聊、讲讲，让他们用熟悉的玩玩具的经验一起玩耍，让玩具带着他们互相认识。我们会一起与玩具合影，再一起把照片一张一张地贴在这面墙上，感受幼儿园大家一起玩的快乐，减缓孩子们的入园紧张，降低他们的分离焦虑。

　　如果我的孩子是大班，我会和他们一起把墙面平均划分，每个人把假期中最快乐和最不高兴的事"写"出来，大家一起发现快乐的事有哪些，现在想起来还觉得很快乐吗？不高兴的事又是因为什么，现在想起来还不高兴吗？有多少孩子会萌萌地感受到快乐是可以延续的，不开心的事过去就过去了，不用去回想。当然，我也会把我的玩具、我的快乐和我的不高兴，向孩子们述说分享。

假如，春天来了，我们会一起在这面墙上开启春天的发现之旅，述说春天带来的很多美好。我们可能不仅会让自己的笑脸随花儿一起盛开，我们还会多靠近花朵一点，去发现花蕊伴随着香气而绽放出的妩媚与力量；我们也可能布置出一片片油菜花海、桃花花海、樱花花海、郁金香花海，花儿跃然墙上，冲击着我们的视觉，激发我们去更广阔的自然中踏青、采风、拥抱春天；我们也可能去发现大人们抓住春机、时不我待的行动，把他们在田野播种、在山上采茶、在路边植树的景象描绘在墙上，浅浅感受"一年之计在于春"的道理；我们也有可能在墙上"探索"动物们在春天里是如何苏醒的，它们醒来后的第一件事会干什么；我们还有可能写意春雨，赞美她带来的万物生长、吐故纳新，以及她的淅沥淅沥给孩子带来的玩耍乐趣。

假如，我的孩子们开始换牙了，我会征询他们是否愿意尝试做一本自己的换牙记录，在这面墙上或由短至长，或由浅至深地慢慢呈现。因为我知道，换牙是每一个孩子必定经历的过程，是如此真实的存在。换牙的体验，不仅仅是换掉几颗牙，还是那些小小心脏慢慢变得坚强的历程，更是孩子们生命中不可复制且不可替代的成长标志。

　　因此，我会引导孩子们按照时间线索，慢慢地、一颗一颗、一次一次、一页一页用自己的方式记录换牙的过程；我也会启发孩子们在自己和同伴的记录中去发现换牙的有趣现象和规律。先掉什么牙，再换什么牙，新旧牙齿有什么不一样？我们也会讨论"牙齿最怕什么"，从而在行动上做到保护好自己的牙齿。待到大班毕业时，每双小手上都捧有一本自己的《换牙手记》，而且未完待续，让"换牙"成为孩子向自己生命敬礼的一次学习。

　　假如，这面墙的周边还有一方小小空间，我们可能会开辟属于自己的"博物馆"。在花叶绚烂的果树林背景下，我愿意陪着三岁的孩子共同建设"好吃的水果"博物馆，每个人带着自己喜欢的水果，装在大小不同的果篮里，积攒出五彩缤纷；摆在一个一个果盆里，指指与认认；捧在一双一双小小的手心里，一起分享，品尝不同的甜与酸。我不寄希望于孩子们能够认识多少水果，但期待他们懂得，好吃的东西大家一起吃才开心。

在长城长、黄河黄的背景下，我愿意和六岁的孩子一起在墙面上开办"我是中国人"的博物馆。说说照片中自己与背景的关系，学着夸夸祖国的名胜古迹；展示背回家的纪念用品，一起感慨它们到底有多大的用处；看看、聊聊青花瓷的唯美纹饰，感受她给中国带来的千年荣耀；探讨"西游记"里的京剧脸谱，惊叹它独特的符号表征；回忆传统节日，知道它们链接着我们的生活情感与精神寄托。我不寄希望于孩子们多么了解这片土地，但期待他们知道"我是一个小小中国人"。

假如，我的孩子们即将毕业，我们会在这面墙上一起直播"我要上小学了"。这面墙会为孩子们祈愿，会把他们上小学的期望化为一朵朵爱心，张贴在它的怀抱里，蔓延开去；这面墙也会鼓励孩子们去了解小学，把对小学的所有感受向它倾诉，同伴间彼此分享，彼此勉励；这面墙也会成为我们的回忆墙，渐渐推出三年美好生活的珍藏，找回过往的游戏与生活，以此告白幼儿园的角角落落、事事人人；这面墙也终将成为我们的告别纪念墙，把最美好的祝福送给每一位心仪的伙伴，在最美的微笑中挥挥小手，我们的明天不会苍白，背起书包，未来必将闪亮。

假如，我的孩子们都毕业了，这面墙依然会带着我，带着我穿越和他们曾经在一起的童年时光。

崔岚

2017 年春节

插画　龚烨晗

I

导读

有一种环境叫"我够不着"

II

有一种环境叫"我看不懂"

III

创 作 缘 起

起意创作这本书，源于我们对以下几件事的思考：

环 境 可 以
影 响 人 的 行 为

通常而言，培养个体成才有三大切入点：环境育人、教育育人、服务育人。所谓环境是指人处在其中的周围情况和条件。20世纪以来，越来越多的心理与教育研究工作者认识到环境作为一个复杂的系统对个体发展的巨大影响。美国著名的人类发展生态学理论创始人布朗芬布伦纳把儿童发展视为周围多层次环境关系的复杂系统。该理论通常被认为是关于环境对儿童发展影响的最深入的分析。环境既是促进个体成长的重要手段，也是教育育人和服务育人所依托的背景。环境可以影响人的行为，这是环境的基本功能。

在 特 定 的 行 为 环 境 中
表 现 出 特 定 的 行 为

对于幼儿来说，他/她所处的环境主要包括家庭环境和幼儿园环境，其中，直接作用于幼儿发展的幼儿园环境对幼儿有着难以估量的影响。皮亚杰从认知心理学的角度提出，物理环境的经验和社会环境的作用是影响个体发展的经典性因素。当幼儿园环境真正为幼儿所喜爱所接受时，其教育价值才能被幼儿所同化。意大利的瑞吉欧教育模式更将环境的创设和布置上升到与日常教学活动平等的地位，提出"环境是幼儿园的第三位老师"、"环境是幼儿探索与学习的容器"。可见，幼儿会在特定的行为环境中表现出特定的行为，通过幼儿的感知器官，幼儿园环境对幼儿产生着潜移默化的影响。

从 " 墙 饰 " 到 " 让 孩 子 成 为 环 境 的 主 人 "

幼儿园墙面环境，作为幼儿园环境的一个重要组成部分，分布广泛，遍及幼儿园内外、公共环境以及活动单元内幼儿所能接触到的所有墙体。这些墙面环境寓于幼儿园整体环境中，不仅反映的是幼儿园的课程特色，具有一定的社会效应，而且，对幼儿个体发展也具有深远的意义。另一方面，幼儿园墙面环境作为教师实施幼儿园课程的"主战场"之一，在时空转换中体现出的是教师对课程理念、价值层面的判断，是教育方法微观而具体的实施，是教师课程领导力不断提升的一个个缩影。

纵观目前大多数幼儿园主题活动环境的创设过程，教师作为活动主体之一的意识已很凸显，甚至因为这种凸显而掩盖了幼儿作为活动真正主体的特质，导致出现以下情况：

- 教师为每一个主题墙面精心准备了丰富的背景，但留给幼儿的只是用统一的、类似作业般的作品进行装点，这些作品很快成为幼儿过眼云烟般的记忆。
- 教师花费大量时间营造精致而富有艺术性的主题墙，却将成人的意念强加给了幼儿的世界。
- 为了鼓励幼儿好奇、好问而设计的 "问题墙"，到最后仅仅只是一堵看不清、理还乱的问题墙。
- 为激发幼儿观察生活、了解周围世界而设计的记录表或调查表，最后也只是成为一排装饰，整齐地贴在幼儿看不见的墙上。

11

■ 为了让墙面呈现"主题痕迹"，"别的幼儿园也是这样布置的"成为教师们思考设计主题墙的有力论据。

……

"让幼儿成为环境的主人，创造属于他们自己的班级环境"，是《幼儿园教育指导纲要》所倡导的"以幼儿发展为本"理念具体落实到课堂的一次次教育实践；"让幼儿成为环境的主人，创造属于他们自己的班级环境"，是《中国学生发展核心素养》中让幼儿"自主发展"成为全面发展的人所需的一层层经验铺垫。因此引导幼儿做墙面环境的主人，以主体地位参与墙面环境布置的全过程，并从中获得感受与经验，促进情感、认知和社会性的发展，已经成为广大幼儿教师关注与努力的方向。在此过程中教师要找准幼儿能力水平的最近发展区，提供适宜幼儿展现当下发展水平的平台，激发幼儿的成就感和创造的愿望。在师幼共建的环境中，由于幼儿亲自参与布置环境，会对环境产生一种特殊的情感连结。幼儿只有在真正属于他们自己的环境中，才能充满自信地参与活动，说自己想说的话，做自己想做的事，积极愉快地介入主题活动的生成之中。

一个主题墙面环境的创设
到底能持续多久

幼儿园班级中的墙面环境反映的是幼儿自身学习经验的"印记"，这个印记在一定程度上包含着幼儿、教师、家长共同构建课程活动的轨迹。

那么，一个有生命力的主题墙面环境创设到底能持续多久呢？答案是"不确定"！在动态生成的环境中，环境的创设随着课程的开展不断地进行变化，从静态转为动态。环境信息随着幼儿的兴趣和能力、课程内容、季节、节日及主题活动的发展而变化，教师需要不断提供适宜的材料，使环境随时得到补充和调整，使环境永远对幼儿保持新鲜感和吸引力，使幼儿与环境产生积极互动，经常能从环境中获得新知识、新经验、新发展。

幼儿需要能够交流的载体，需要能够与他人讨论、交往的平台。在对环境创设的讨论中，在与成人以及同伴的真实交往中，他们逐渐了解人际交往的规范和技巧，进而逐步适应真实的社会生活。幼儿用他们自己的语言、作品、收集的资料、布置的过程、合作的体验等多种方式来表达自己对生活的感受和想法。一切机械性的时空转化，人为的、任务式的墙面创设行为，都不是以尊重幼儿的兴趣与探究的理念为出发点的。

本　书　编　排

一 本 书 ， 决 定 一 种 思 考 方 式 。

　　本书的特色之一是以红蓝不同颜色的图文案例为导引，红篇启示反思：怎样改变，才能让班级墙面环境蕴含课程的目标与内容，让幼儿园课程真正融入环境，让幼儿成为环境与创设的主体，并能不断激发幼儿的内在学习动机；蓝篇则呈现民间高手们关注并思考幼儿与班级环境展开良性互动后的实践案例。

　　本书的另一个特点是以阅读引领思考，翻阅红蓝两篇共45则案例的过程，亦是读者演绎、归纳出班级环境教育效果与创设初心是否和谐秉承的思辨之旅。红篇通过"观察—思考—判断—改变"四个步骤，为教师展示如何看懂环境、分析环境、提问质疑，最终改善的过程；蓝篇通过"观察—思考—有趣的发现"三个步骤，教会教师看懂设计意图、寻找设计亮点的方法，将民间高手们的创意收为己用。

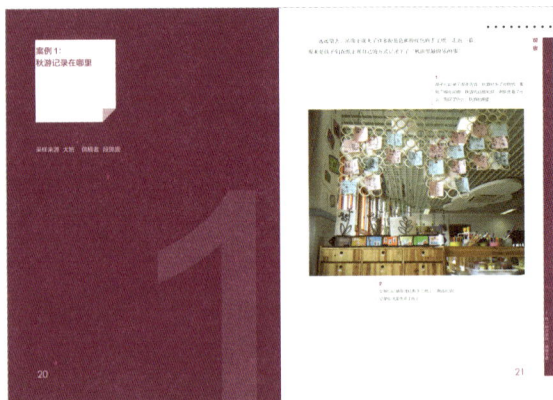

第 1 步：细读【观察】

先仔细阅读每则案例中的"观察"环节，在此页面稍作停留，并试着回答这些问题：

- 从照片上看到了什么？
- 创设这个环境的老师的设计意图是什么？
- 这些设计起到预期的作用了吗？

第 2 步：同步【思考】

将我们写于书中的对案例的质疑、疑惑与你自己头脑中的思考相互对照，并试着回答这些问题：

- 这些质疑有道理吗？
- 这个墙面创设是否体现出自主、互动、探索？

第 3 步：提炼【判断】

我们尝试用一针见血的语言切中案例呈现的问题与症结。在阅读的同时，请试着回答这些问题：

- 你认同我们对这个案例中问题的判断吗？
- 你是否还发现了其他问题？

第 4 步：设想【改变】

我们不仅提出问题，也尝试将案例进行技术研磨，与你共同探讨班级墙面环境的创设之智。邀请你参与其中，贡献出你的智慧火花，这才是环境创设生生不息的魅力所在。在阅读的同时，请试着回答这些问题：

- 如果要改变这个墙面，可以做些什么？
- 除了案例中已经提到的，还有哪些可以改善的方面？
- 改变之后的墙面是否体现出自主、互动、探索？

14

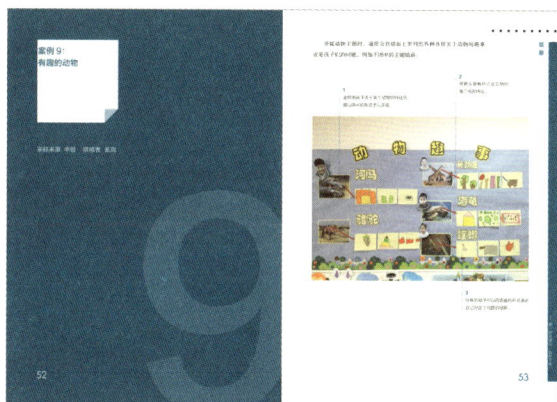

第 1 步：细读【观察】

先仔细阅读每则案例中的"观察"环节，在此页面稍作停留，并试着回答这些问题：

- 从照片上看到了什么？
- 创设这个环境的老师的设计意图是什么？
- 这些设计起到预期的作用了吗？

第 2 步：同步【思考】

我们尝试挖掘出每一则案例背后设计者基于幼儿自主发展的思考与设计精华，捕捉民间高手的实践智慧。在阅读的同时，请试着回答这些问题：

- 你认同我们对这个案例中设计特点的提炼吗？
- 这个墙面创设是否体现出自主、互动、探索？

第 3 步：聚焦【有趣的发现】

这是蓝篇中最有趣，也是最具生命力的部分——在具体的墙面环境案例中反映出的来自幼儿的有趣经验。这部分既是对活动情景的再现，又是对教师创设环境效果的检验。幼儿在与墙面环境的互动中潜移默化地吸收着，并借此创造出真正属于自己的经验。

15

阅 读 建 议

本书的内容全部来源于一线教师们的教育实践，并经过精心编排呈现出你现在所看到的独特样式。以下提供四种阅读方法，无论选择哪一种，你都可以顺畅地完成一次非常有意义和价值的阅读体验。

由 目 录 顺 序 展 开 阅 读

我们在拙目所及之处，搜罗了一些教师在幼儿园班级环境创设中可能遇到的问题，并以这些问题类型为逻辑编写了目录，红蓝案例纵横交错。希望你在阅读每一个案例时，能够会心一笑，或产生一种被人理解的心意相通。

带 着 质 疑 精 神 阅 读 红 篇 案 例

我们非常关注班级环境与幼儿、与教师、与课程的实然关系。红篇中呈现的是当前幼儿园墙面环境的实然状态，阅读时你也许会为之无奈叹息，抑或忧心忡忡。在对红篇案例进行技术研磨之余，我们也希望通过引发思考与共鸣排解你心中的不安与焦虑，借此书与更多实践者共同探讨班级墙面环境的创设之智、创设之理。我们尝试紧扣自主、互动、探索三条准绳，在幼儿园墙面环境创设中寻求一种平衡之道，以发挥环境促进幼儿发展的作用。

带着学习态度阅读蓝篇案例

我们已在蓝篇编写的过程中为你去伪存真、披沙拣金，但这也仅是一个小小的资源库，它代表的是民间高手们在基于幼儿自主发展的班级环境创设实践思考中的许多种可能之一。当你从蓝篇中得到些许灵感，并将灵感化作沉思后的实践时，那么恭喜，你已经捕捉到了民间高手们的智慧火花。

以自己的兴趣为导向，"任性"翻阅

"换了个时间"、"换了个心情"，也许阅读的体验与领悟又不相同了，这些均无关紧要，本书的主旨在于从实践中来又回到实践中去，反复几次之后，当你可以读出代表性案例背后的更多可能性，并孵化出许多属于你和孩子们的创造时，我们作为作者也就体会到了被人理解的欣慰。

有 一 种 环 境 叫 "我 够 不 着"

　　在教室里，我们时常能看到一些脸上带着"谜之微笑"的孩子。喝水时，他们仰着头对高高挂起的美术作品进行"眺望"；休息时，他们辛苦寻觅墙上密密麻麻的记录表，乐此不疲；游戏时，他们对着问题墙重复发问，好奇着永远最初的好奇……他们欣喜，他们自豪，他们为好不容易找到"自己"的点赞而欢笑。可惜，那些他们自己创作的、闪闪发光的美丽与美好，他们碰不到，也够不着。

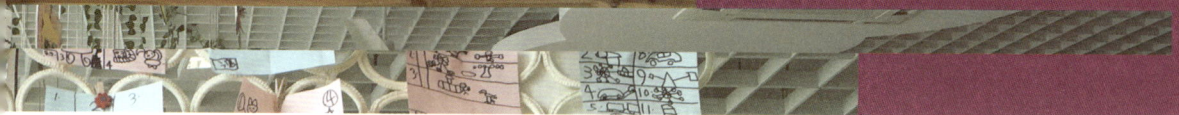

本章节，让我们一起走近"够不着"，尝试把它们降下来，还给孩子。

案例 1:
秋游记录在哪里

采样来源 大班　供稿者 段旖旎

1

远远望去，吊饰上面夹了许多粉蓝色和粉红色的手工纸。走近一看，原来是孩子们在纸上用自己的方式记录下了"秋游里最快乐的事"。

1
孩子们记录了很多内容：秋游时去了动物园；看到了哪些动物；秋游的过程如何，例如先看了什么，后玩了什么；秋游的感受。

2
女孩们记录在浅红色手工纸上，男孩们则记录在浅蓝色手工纸上。

这样悬挂式的布置是有意隔断，还是为了呈现孩子们的作品而需要？

踮起脚细细欣赏孩子们画的"快乐的事"，可以感觉到孩子们画得很自由，并没有受固定格式的限制，表现出的内容也很丰富。

大部分孩子对小动物充满了喜爱之情，在秋游活动过程中感到很愉悦。

可是就是这么有意思的感想记录，我们成人尚且需要踮起脚来仰头欣赏，身高不足的孩子们又该怎么看到呢？

[视线太高
难交流]

美好的秋游回忆被高高地挂起，一个个有趣的故事成为高处的摆设，孩子们看得见却看不清，既无法欣赏别人的作品，也无法介绍自己的回忆。相互之间交流分享的机会就这样被浪费了。

将孩子们的秋游记录展示在更低矮的空间里，让孩子们更容易看得到、看得清，他们也就能够充分交流起来了。

老师还可以有意识地引导孩子们阅读这些视觉化记录，鼓励他们欣赏各自用于表征情感、内容的方法。从这些记录上不仅可以读出来自于孩子的一个个有趣故事，也有可能挖掘出各种像字而非字的有趣符号，这些都是启发孩子们互相交流与学习的资源，让他们对学习用笔来表达自己喜欢的事物这件事也会产生更多的兴趣。

让"秋游里最快乐的事"可以讲起来

Ｉ 有一种环境叫『我够不着』

案例2：
木偶变成了木头人

采样来源 大班 供稿者 沈佳文

大班活动室的护墙板上方有一块"我们的身体"主题墙。

1

主题墙中央布置着老师自制的人体模型，模型的各个关节用螺丝材料连接，使得各关节可以灵活转动。

2

孩子们用图画表征出自己在日常生活中活动关节的各种景象，并张贴在人体模型周围。

透过整个主题墙的内容与呈现方式，该班老师表达出的预设目的有如下三点：

（1）通过多种材料的运用与制作引发孩子对身体各个关节的关注。孩子在模仿人体模型不同动作的过程中，探索身体上会动的各个关节。

（2）通过呈现孩子对日常生活中身体关节活动的记录，鼓励同伴间的交流和分享。

（3）由于担心孩子玩坏材料，老师将自制的人体模型固定在护墙板上方，高于孩子们的可操作范围。

避免孩子操作源于对孩子的不信任

　　为延长自制人体模型的使用寿命，老师将其固定在墙面的高处，导致手脚可灵活移动的木偶变成了"木头人"，孩子们看得见但玩不到，一个原本可以和孩子互动起来的玩具不得已变成了摆设。

　　这是否表现出了老师对孩子的不信任呢？不信任孩子们既有自主探索的能力，也有爱护玩具的意识与能力。即使有孩子不小心弄坏了人体模型，也可以将其作为一种教育契机，强化孩子们"爱惜东西"的意识，同时让他们知道东西坏了是可以修理的。

可以将整个墙面布置下移，移动到与孩子视线平行的位置，便于孩子们与墙面进行互动。

同时增添低结构材料的投放，如纸板、扭扭棒、螺丝材料等，鼓励和支持孩子们用提供的材料表现出自己身体上会动的各个关节。

增强墙面布置的互动性

案例 3：
我的换牙日记

采样来源 大班　供稿者 沈莹

墙面上展示着大班主题 "我自己" 活动开展过程中孩子们对自己换牙事件的绘画记录。

2

孩子们的换牙记录各有画风，有的仅仅记录自己掉了哪颗牙；有的将手工纸分成四块，分别呈现掉了哪颗牙、什么时候掉的、换牙的注意事项以及该如何保护自己的牙齿等信息。

1

主题墙"我的换牙日记"出现在衣柜上方，孩子们在手工纸上记录下自己换牙的情况。

有一种环境叫「我够不着」

让孩子记录自己的换牙故事,可以
让他们了解自己的成长。

感受生命的奇特现象,是一件对
孩子们极富教育意义的事。

但为什么要把孩子们的记录贴得
那么高呢,以至于……

有一个男孩笑着说:"我掉牙
的地方已经长出新的牙齿了,
但没法加到我的画里去。"

够不着的记录

　　很显然,将孩子们的"换牙日记"悬挂
过高限制了他们对自己换牙过程的持续关
注与记录更新,也就容易错失孩子们对真实
换牙过程的呈现,记录的效用也大打折扣。
老师无形中将一次极有意义的持续性活动
简化成了一次性的"记录作业"。

换牙其实可以成为专门的生命教育课程内容，实际上它就是客观存在的教育契机，问题在于老师们有没有这样的课程视角。如果老师能够有意识地引导孩子们关注自己的换牙过程，孩子们会发现很多有趣的现象。例如，每个孩子的换牙顺序基本上都是一样的，具有一定规律；新换的恒牙要比原来的乳牙大，有时还会发黄，牙齿下方有锯齿状；孩子也会表达感受说："换牙其实不用怕，怕了也没用，还是要换的。"

老师们应该坚信，只要给到孩子们时间，适时引导和鼓励他们坚持观察与记录，孩子们就会在一段时间里，深切感受到换牙这一独特的生命历程变化，以及牙齿与自己成长的关系。

每个孩子是否可以拥有一本属于自己的、完整展现换牙历程的自制故事书呢？对孩子们而言，这件事极具意义。

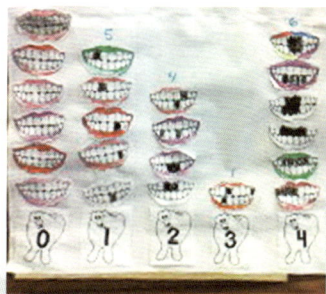

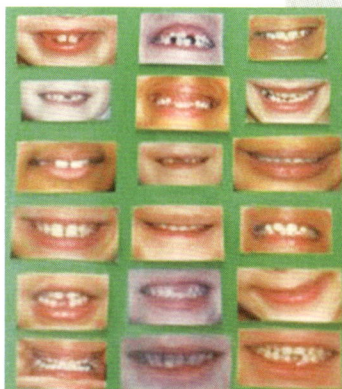

让换牙成为
正常的
生活课程内容

案例 4：
猜猜我是谁

采样来源　中班　供稿者　张宏

窗台上展示着中班主题"我爱我家"主题背景下的环境创设——"猜猜我是谁"。孩子们观察、对比、分辨自己小时候与现在的照片，尝试对照片进行配对，感受自己成长的变化。

1
一块KT板上张贴着班级里每个孩子的婴儿照。

2
另一块KT板上张贴着孩子们现在的生活照。

透过整个照片墙，我们其实可以发现老师的设计意图。

老师希望孩子可以通过观察自身的变化，感受自己的成长，继而发现成长过程中周围人对自己的关怀与照顾。因此挑选展示的两组照片具有明显的年龄差异，其中也穿插着一些家长照顾孩子的场景。

但是把照片墙高高地悬挂在距离地面一米四以上的窗户上，对孩子来说合适吗？

墙面布置
遮挡了光线

窗户是室内采光的主要渠道，教室采光更有严格的国家规定要求。在光线不足或背光的地方阅读，会对孩子的视力造成影响。另一方面，"猜猜我是谁"照片墙又挂得很高，孩子们看不见也看不清。

环境创设遮挡玻璃窗的现象，在幼儿园内并不少见，是不是应该衡量一下它的必要性与适切性。瑞吉欧的教育理念中曾提到"让儿童的眼睛越过围墙"，可现实中，在这样的环境里，我们孩子的眼睛却连教室的窗户也越不出去……

还有很多类似的主题墙和活动区设置，老师们有必要想一想：非得通过遮挡光线来进行环境布置吗？

可以将整个墙面布置放低，既方便孩子们靠近仔细观察、比较，也能让窗外的景色随时进入孩子们的眼中，激发他们对户外活动的兴趣。

降低孩子们的阅读视线

35

案例 5:
玩转水世界

采样来源 大班　供稿者 蔡晔

5

"水"是孩子们喜闻乐见的生活资源，老师为孩子们创设了丰富的与水有关的环境。

2

在老师的协助下，孩子们可以将自己在实验过程中的各种发现或问题罗列在墙面上。

1

孩子们可以自主选择实验材料进行关于"水"的各种实验。

3

老师用照片的方式记录下孩子们的活动状态。

4

孩子们在彩色纸上记录下自己的实验结果。

三个星期过后，孩子们的实验兴趣依然高涨，在实验中发现的问题越来越多，老师记录下这些问题并将它们逐一罗列在墙面上。

从丰富的墙面布置中可以发现，老师对于此主题的预设架构是经过思考的，也遵循了孩子学习与思维的路径：自主游戏——发现问题——实验验证——记录结果。

老师的设计意图立足于孩子们"玩中学"的学习特点。老师为孩子提供了充分的自主选择权以及充足的探索材料，这对于培养大班孩子良好的学习品质具有积极意义。

但是，老师安排下的孩子们对实验探索的记录是否真的符合孩子们的需求呢？

虽然墙面上呈现了很多孩子们的问题，但是没有一个问题有明确的答案。孩子们自己的记录也极富个性，相互之间往往看不懂，于是记录很少被他人阅读，当然，孩子们自己做记录的热情不减。

问题与记录的
呈现方式
不便于同伴互动

1
孩子们的问题经由老师的协助，通过文字的形式表现出来，孩子们看不懂也无法理解。

3

同一实验中存在过多变量，孩子们的
实验结果很容易受到干扰，不便于针
对实验进行比较、发现与思考。

2

问题和记录指向不同的实验，但
并未被分类整理，使得问题的讨
论和解决无法聚焦。

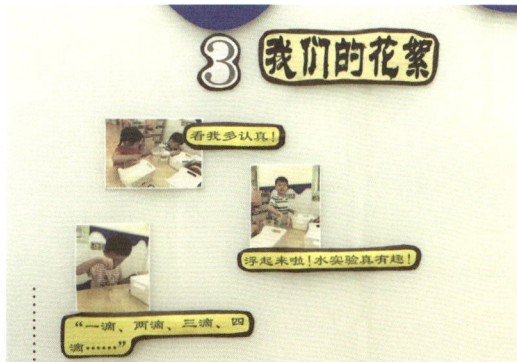

由老师推动孩子
建立问题、实验
与答案间的联系

老师要在尊重孩子们认知水平以及表
达喜好的基础上，尽可能帮助孩子们了解
同伴的实验过程、思考路径、预设推理与
实验结果。例如：

1. 孩子们对问题的回答可以在记录卡上呈现，也可以通过录音的方式表现出来，便于
不同能力的同伴间共享信息。问题的回答与相应的问题集中呈现在一起。

2. 一段时间后，根据孩子们的实验参与度以及问题集中指向，筛选出孩子们最感兴趣
的实验，针对这些实验开展更为聚焦的问题梳理，引导孩子们更有目的地开展进一步的探
索与发现。

3. 不是每个实验，也不是每个孩子都必须用记录的方式来呈现，孩子们有自己的表达
喜好，可以用语言直接表达，也可以用书面方式进行记录表征，老师都应该给予耐心的鼓
励与支持。

案例6：
我想知道……

采样来源 大班　供稿者 奚岚

在大班"我自己"的主题活动中，孩子们会根据自己的生活经验，提出许多有趣的问题，老师常常会将这些问题罗列在环境中呈现出来，并鼓励孩子用图画的形式进行回答。

班里的一个女孩说："黄纸上的画是有人问的问题，绿纸上的画是有人在回答问题。"但女孩却说自己只是提了问题，不知道有没有人回答，也不知道谁提了其他什么问题，有没有人回答。

在主题活动深入进行的过程中，孩子
们根据自己的生活经验和好奇心，提
出了许多有趣的问题。

例如：我拉的屁屁去哪里了？
有爱的叔叔阿姨结婚了，出生的宝宝
会是什么样？长得会像谁呢？

老师其实非常注重收集孩子的
问题，希望通过呈现问题来帮
助孩子们去思考和探索，这个
出发点非常好。

但是仔细观察墙面，问题和答案
之间没有必然联系，这样的呈现
方式，是否真的有效？

问题和回答的呈现
缺乏关联

老师没有对孩子们提出的问题与回答
进行筛选与组合，只是随意地罗列在墙面
上，导致墙面看似有黄、绿两种类型的信
息，但实质上问题画与答案画的放置并不
匹配，缺少关联的逻辑，不便于孩子阅读、
理解与分享。

孩子们的问题可能非常多，也可能非常杂乱，老师可以和孩子一起筛选出最感兴趣的、最具有操作性和探索性的问题，有选择性地罗列在墙面上。

这些问题可以是孩子在自主调查、实验、探究后提出的，老师组织孩子们针对这些问题有目的地开展进一步的探索，寻求答案并用自己的方式表征出来，最终将答案与相关问题进行匹配后呈现在墙面上。

这样做不仅可以启发孩子去自主探索，还能够鼓励他们有目的地解决与完成自己提出的问题与任务。

共同筛选
感兴趣的问题
并匹配答案

案例 7：
肚子里的秘密

采样来源　中班　　供稿者　周柱君

在一面命名为"肚子里的秘密"的主题墙上，张贴着用图画或文字表现的孩子们对"妈妈肚子里的宝宝"的一些好奇的问题。

透过墙面上的信息，可以看出孩子们
对"肚子里的秘密"这个话题很感兴趣，
有探究的愿望。

老师也有推进活动的意图，因此围
绕着"妈妈"造型设置"问题区域"。
从墙面上"图文结合"的表达方式
来看，老师希望通过形象化的问题
展示来引导更多孩子去关注，而不
仅仅吸引文字敏感的孩子。

仔细看这些问题，确实很有趣，
都是孩子基于自己的经验提出来
的，例如：我在妈妈肚子里听得
到别人说话吗？我在妈妈肚子里
能玩玩具吗？我在妈妈肚子里会
睡觉吗？孩子们用提问的方式展
示了对怀孕妈妈的好奇。

但是，只是把问题罗列出来，就能
引起孩子们的关注吗？

墙面环境无法
和孩子互动，
也无法给予孩子
更多经验

墙面上罗列了很多问题，但这些反映
的仅仅是主题开展过程中的某个阶段性片
段，如果墙面环境无法和孩子互动起来，
也无法在阅读和操作中带给孩子更多的经
验累积，那么这种墙面创设的效用就大打
折扣了。

"孩子天生就是哲学家"，他们会在好奇心的驱使下，提出了许多看似与社会、生命本质相关的问题，这些问题的解答无法用亲手实践或亲身体验来完成。

但是，如果转换一下视角，例如本案例中，老师在环境中投放一些反映胎儿发育过程的图片、视频或绘本，让孩子通过阅读激发出探究的兴趣并扩展经验，结果会如何呢？

通过有限的材料，孩子们未必都能找到自己需要的答案，但在探究学习的过程中，他们也许会发现宝宝在妈妈肚子里的其他有趣现象，也许会发现更多新鲜的信息，或者产生更多的感触。这对他们而言不也非常有意义吗？

把孩子的问题转化成探究的起点

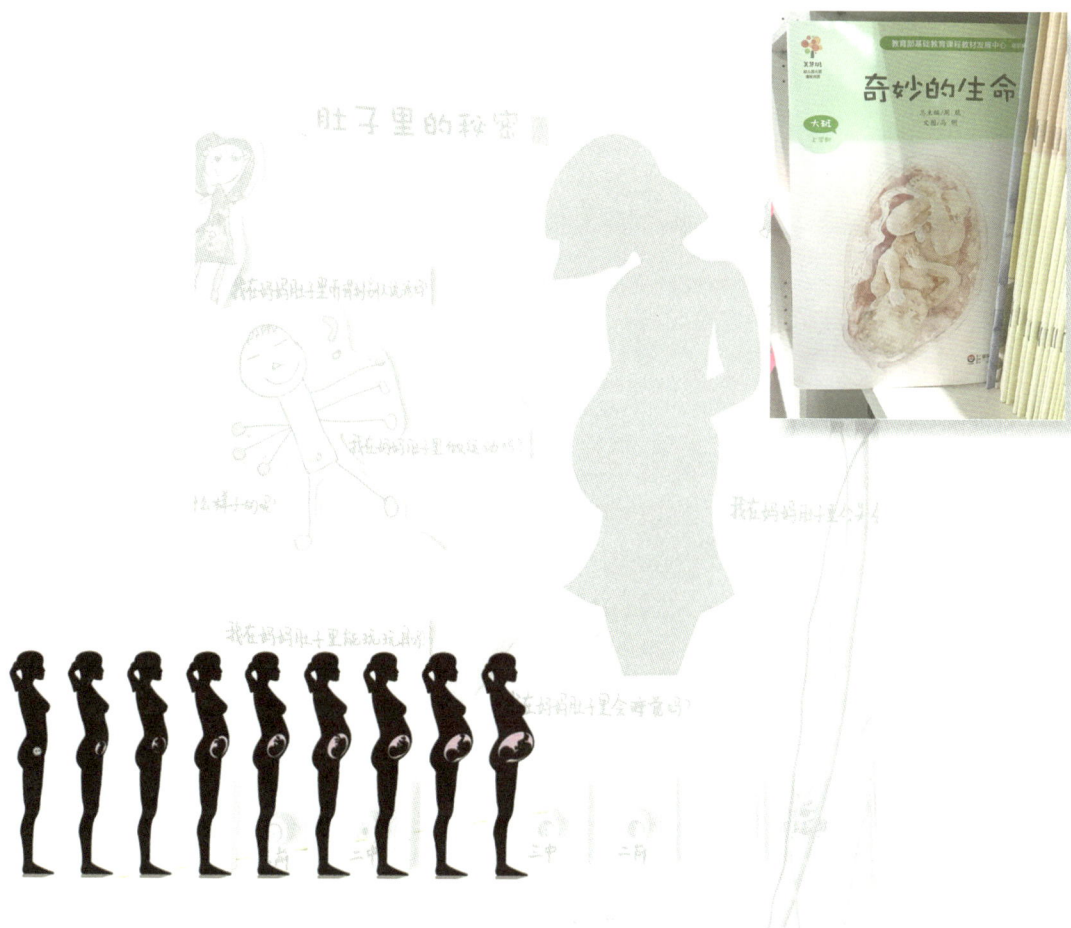

案例 8：
幼儿园的新变化

采样来源 大班　供稿者 蔡晔

新学期幼儿园里有新变化，孩子们能发现吗？他们的视角都一样吗？如何让个体的发现得以共享，让孩子们共同发现更多幼儿园开学的新变化呢？老师和孩子们一起布置出了一块墙面：

1
孩子们自行穿梭在幼儿园各角落，
发现新变化，记录在纸上。

2
老师用照片的方式记录孩子们的活动状态。

3
老师将孩子们的记录结果根据呈现的楼层分类张贴。

让"碎片"
变得有序

透过整组图片的呈现，可以看到孩子们的记录是随机和碎片化的，但经过老师整理之后，最终呈现在墙上的孩子们调查的过程和结果的排列却逻辑清晰。

1

孩子们个体间的学习结果通过老师的有序张贴，成为了整个幼儿园新学期变化的"导览图"。这既是对孩子们发现成果的肯定，又满足了他们的情感需求，还能让他们从同伴的记录中获取不同视角的信息乃至记录的方式。

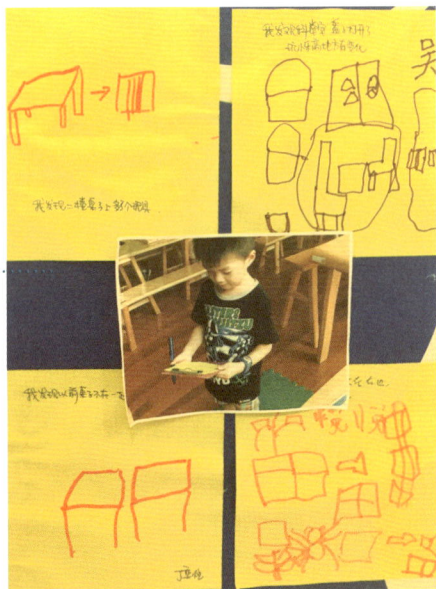

2

孩子们的探索兴趣高涨，墙面上的内容并不是固定的，他们发现的变化越来越多，记录也越来越丰富。老师同步拍摄孩子发现变化的活动照片，并张贴在相应的位置作为提醒，为同伴间相互解读记录提供了线索和阶梯。

1

乐高区的桌子拼法不一样了。

2

科常活动室多了一些恐龙化石，原来考古挖掘出的恐龙不见了。

3

我们班级从 3 楼搬到了 1 楼，
从中班升到了大二班。

4

佳佳老师的头发本来是长长卷卷的，现在变成短短的了。

案例 9：
有趣的动物

采样来源 中班   供稿者 奚岚

开展动物主题时，通常会在墙面上罗列出各种各样关于动物的趣事
或是孩子们的问题，例如下图中的主题墙面：

2
用箭头聚焦标示出动物的
某个局部特征。

1
老师将孩子关于某个动物的特征问
题以照片的形式予以呈现。

3
所有的孩子可以用图画的形式表达
自己对这个问题的理解。

让问题的呈现
直观化

孩子对动物有着丰富的经验和兴趣，同时他们也有自己的疑惑和想象。每个孩子对事物理解的表达方式与表达能力是不一样的，用照片和图示的形式呈现符合中班孩子的年龄特点。这种形式直观、显性，既便于孩子欣赏和理解，又便于孩子表达和表现，也可以让孩子的个体经验传递和分享给其他的孩子。

河马

1
河马的鼻孔是奇妙的
防水"盖子"，不让
一滴水流进去。

2
中班的孩子用形象化的表征，记录了河马
鼻孔张合的特性。例如，孩子觉得河马的
鼻孔就像电视机的开关、房子的大门、人
的眼睛一样一开一关。

55

案例 10：
找个朋友一起玩

采样来源　大班　　供稿者　周柱君

活动室里有一块"找个朋友一起玩"的墙面，张贴着孩子们的大头照和自己画的游戏内容。孩子们能看明白吗？

1
左半部分是孩子们要进行的表演游戏内容，有新疆舞、绸带舞、扇子舞等，这些表现游戏内容的卡片由孩子自己制作，可自由地从墙面上取下或贴上。

2
孩子们可以根据自己的兴趣，把自己的大头照插入自己喜欢的游戏卡旁边的卡槽中。

3
墙面的右半部分是孩子们要进行的角色游戏内容，包括银行、娃娃家、小医院等常见的角色游戏。

4
孩子将自己的照片贴入相应的游戏内容区域。

5
墙面上还有几块留白的部分，留给孩子们呈现他们自主生成的非固定的角色游戏内容。例如，几个好朋友相约一起玩"地铁"游戏。

6
几个好朋友相约玩"电影院"游戏。

让墙面成为
孩子游戏的工具

这块墙面其实为孩子们提供了自主计划游戏的权利，是协助他们共同游戏的工具。因为可变、可换，孩子与之有较多的互动，他们也因此产生了强烈的自主意识，人人都明确了自己的游戏内容，同时也能关注到游戏的同伴，相约一起游戏。

1

因为事先确定了游戏内容和同伴，孩子们还可以共同商量游戏玩法，逐步产生合作，建立起社会性情感。

2

老师通过这块墙面可以有意识地了解孩子们的游戏兴趣、近期的游戏发展趋势，为更好地观察、介入孩子们的游戏，引发孩子的互动带来便利。

1

四个男孩子同时选择了"变脸"节目。在第二天的表演中，闹闹和
小贝带来了道具话筒，毛毛和新尔带来了道具宝剑。四人表演的时
候分别加入了演唱和舞剑的情节。观看的孩子非常惊讶，"变脸组"
的演出为何如此默契。原来四个男孩通过墙面得知了第二天自己的
玩伴是谁，晚上就互相通了电话，商量好了游戏的玩法。

3

平时吃饭挑食、拖拖拉拉的小孟这天
一进餐厅就专注地吃起饭来，原来他
是"时装表演"组的组员，他们这组
说好午餐后要商量游戏计划。

2

孩子们为"转转乐"表演时使用了统一的道具
而鼓掌。原来是组员瑶瑶前几天就关注到了自
己选择"转转乐"游戏的玩伴和人数，事先在
家制作好了几个一模一样的纸杯作为表演道具，
分给组员使用。

59

案例 11：
青花瓷

采样来源　大班　供稿者　马叶佳

这是大班"我是中国人"主题背景下的一个墙面环境，以提供各种青花瓷物品欣赏为主要目的。墙面上有实物悬挂、照片、拼图、幼儿作品等不同形式的青花瓷物品呈现。

让欣赏资源可触摸、可操作、可补充

整体和谐的蓝白色调，凸显着经典的中国文化传统元素"青花瓷"，这样的墙面不仅让孩子对主题内容一目了然，而且能引起强烈的视觉冲击，满足充分欣赏的需求，使孩子获得更丰富的经验。

1

在墙面一侧的橱柜上，摆放着师生共同收集的青花瓷物品，孩子在摸摸、看看中进一步了解青花瓷与日常生活的关系。

2

在墙面的下半部分，贴着青花瓷造型的凹槽。青花瓷图片被老师分割成若干块碎片，孩子需要将它们拼入凹槽中组成完整的图案。在寻找、比对、拼合的过程中，孩子进一步感到了青花瓷花纹独特的美。

3

在墙面上有一块留白区域，上面会逐步添加孩子们的青花瓷作品，让孩子的创作也成为被欣赏的一部分。

1

孩子在表现青花瓷的时候，通常会选择自己欣赏后
喜欢的青花瓷元素，如把古时候的凉亭、石拱桥、
龙等图案放大呈现在自己的作品上。

2

在设计花纹装饰时，孩子往往会使用
自己喜欢的水果、花朵、格子等图案。
由此可见，孩子们在欣赏后的创造表
现并不是对原作的简单模仿，而是会
与自身的喜好和生活经验相融合。

案例 12:
再玩水世界

采样来源 大班   供稿者 蔡晔

对案例5"玩转水世界"进行反思后，老师根据孩子们互动的情况，将墙面进行了调整。

1
以图示化的方式呈现关于"水"的各种实验材料、玩法及名称。

3
提供答题卡供孩子们解答问题，答题卡也依据颜色进行区分。

2
将孩子们在同一实验过程中的发现或问题分类罗列在墙面上，以颜色标记进行区分，便于孩子们进行有针对性的阅读。

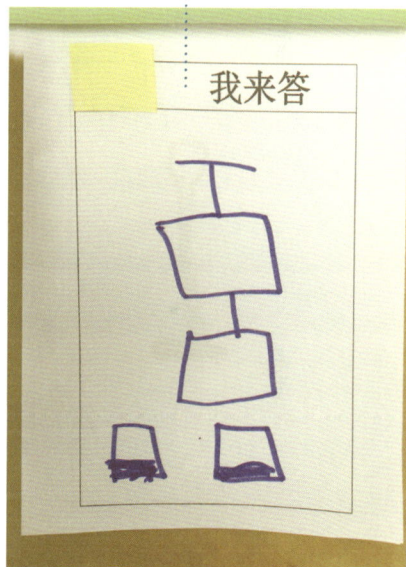

4
提供若干不同颜色的记录本，孩子们可以在同本记录本中持续关注和记录同一个实验。

让孩子记录
更容易看懂
且具有联系

与案例 5 "玩转水世界" 相对比，老师的创设在促使孩子主动探索方面更前进了一步，表现在如下两点：

1. 实验素材的呈现方式更易于理解

老师将所有实验材料和玩法以图画的方式呈现，辅以实验名称，让孩子更容易看得懂，激发起孩子们的活动兴趣，让他们可以按照自己的想法探索起各种水的实验。

2. 用颜色进行分类、建立关系

将同一实验的操作材料、问题以及记录本用同一种颜色作为标识，便于大班孩子辨别，更容易建立起事物间的逻辑联系，在实验－提问－记录－解答的环节中实现良性循环，引发孩子对实验结果的持续关注，并为同伴间互相影响或借鉴实验操作经验提供可能。这对于培养大班孩子有目的的观察、有意识的选择、坚持完成某一活动等学习品质都会产生一定作用。

1

在回答"为什么有的人可以在硬币上滴很多水"
这个问题时，小豆说："滴水的时候要一滴一滴来，
不能很快的。"小傅说："不能盯着一个地方滴，
要这里滴滴、那里滴滴。"

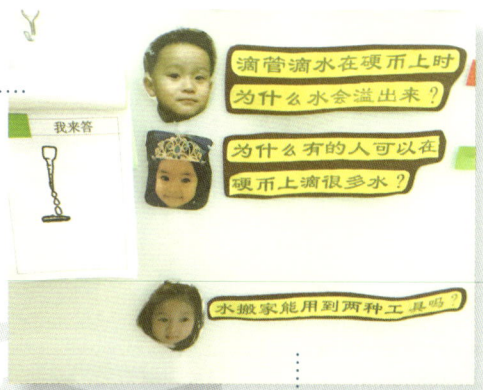

2

一直对实验持观望
态度的菲菲，终于
有一天高兴地说：
"我能看懂妙妙列
出来的问题了，这
个我知道的，我来
告诉他！"

3

一开始所有的孩子都只用一种工具运水，唯有六六大胆地
使用了两种工具，并且成功地运走了水。他把实验过程中
用到的两个工具在记录本上记录了下来，现在大家都知道
了可以用许多不同的方法来运水。

案例 13：
好听的声音

采样来源 小班　供稿者 旖旎

开展主题"好听的声音"的过程中，老师在活动室的墙面上创设了一面主题墙"好听的声音"。

1

紫色的上半部分用图像呈现了在家里经常可以听到的各种声音，例如门铃发出的"叮咚"声、微波炉发出的"叮"声、电话发出的"丁零零"声、电吹风发出的"呼呼呼"声以及切菜时发出的"嚓嚓嚓"声。

2

黄色的下半部分展示的是孩子和家长合作制作的小乐器照片。每一个孩子都拿着自己制作的乐器在墙面上留下了身影。老师还单独展示了6个自制小乐器的放大版照片。

在墙面下方有若干展示台，上面放着家长和孩子共同制作的那些小乐器，琳琅满目。孩子们可以根据需要自由选择，摆弄或使用这些自制小乐器。

3

还有家长们发挥创意制作而成的吉他和架子鼓。

1

比较多的是可以敲打演奏的打击乐器。

2

也有一部分是用塑料瓶制作的会发出声响的响筒。

把亲子制作的物品
玩起来

整个主题墙的布局上下呼应，墙面部分着重于信息传导，基本以图画和照片的形式为主，符合小班孩子的年龄特点，重点突出。

下半部分摆放的自制乐器，来自于亲子制作，可以让孩子利用生活中常见的材料来制造。这不但可以让孩子了解到各种制造好听声音的方法，又能通过亲子合作拉近亲情。

老师并没有让活动止于小乐器制作的完成，而是将自制小乐器布置在孩子触手可及的架子上。孩子能够随意接触并自由把玩，这给孩子心理和情感上都带来了极大的满足。亲子制作的小乐器并不仅是展示品，更应该成为孩子的游戏对象。

1

"哐，哐，哐！"角落里发出了响声，原来是添添拿着他和爸爸一起制作的铃鼓在敲。"咦？你今天是厨师呀，怎么烧菜要用到铃鼓呢？"老师表情诧异地询问道。添添很认真地回答："我敲这个东西，会有很响的声音出来，客人就知道我的菜烧好了，他们就来吃了！"老师听后在他的铃鼓上敲了一下，笑着说："这个主意很有趣！"

2

进行角色游戏时，浩浩跑来，拿起一把自制吉他直奔小舞台。他又选了一顶帽子，然后坐在舞台中央有模有样地自弹自唱起来。老师看得入迷，连连为他鼓掌喝彩，等表演结束后问他："今天你是谁？""我是来参加达人秀比赛的，我比的是唱歌！"浩浩自豪地说。

71

案例 14：
好吃的食物

采样来源 中班　供稿者 沈佳文

中班主题"好吃的食物"正在进行中，护墙板上有一块区域设计成
"你吃过吗？"板块。

1
墙面左侧贴着螃蟹各种烹饪方法的照片，孩子们
用自己的大头照标记曾经品尝过哪种食物。

3
墙面右侧区域供孩子们贴上
各自带来的品尝过的各地特
色美食的照片。

2
老师将孩子们的介绍录制成
音频，借助点读笔，孩子们
可以彼此分享交流。

让记录更显性，
让"好吃"
更直观

1

开展"好吃的食物"主题活动时，正值菊黄蟹肥的秋季，螃蟹是大家在这个季节都喜爱的食物，于是老师先从孩子最直观的体验入手，创设了"你吃过吗？"墙面。通过墙面创设让孩子交流品尝过的各种螃蟹食物，如清蒸大闸蟹、蟹炒年糕、蟹粉小笼等，让孩子回味大闸蟹的不同吃法，将重点落在"品尝"与"好吃"上，这对孩子来说既熟悉又有趣，孩子还可以回到生活中再去体验与品尝，举一反三地不断积累各种食材一物多吃的经验，这也正契合了主题的要求。

2

在主题的推进过程中，孩子们发现中国不同地方的人们有着不同的喜好口味，于是老师又创设了第二块"你吃过吗？"墙面，让孩子在记录分享中感受中国饮食文化的丰富多样。

3

在食物旁插上大头照的记录方式非常直观地帮助孩子进行统计：哪个好吃的菜是大家最喜欢的；哪个菜自己还没有品尝过，可以先认识一下⋯⋯

1

豆豆高兴地和阳阳说自己吃过螃蟹味的小笼，很美味，阳阳听了后不明白"螃蟹肉是怎么包进小笼的"。回家后阳阳让妈妈带他去品尝了蟹粉小笼，第二天阳阳来园后和同伴交流起来：原来蟹粉小笼是将拆出来的蟹肉膏制成粉再包进小笼里，味道比一般的小笼更鲜美，这个新发现引发了班级同伴品尝蟹粉小笼以及寻找螃蟹食品的热情。

2

孩子们交流起自己妈妈的拿手菜，在分享中发现原来妈妈们的拿手菜各不相同，因为每个家庭生活和成长的地区不同，孩子们因此发现中国不同地方人们有着不同喜好口味。同时这一分享也引发了妈妈间的交流，延伸出亲子活动"进我家尝美食"，孩子们在活动中品尝了各家制作的美食，直观地感受了中国的饮食文化。

采样来源 大班   供稿者 张宏

这是大班"有用的植物"主题下的主题展板，用于探究并了解洋葱作为植物与食物的一些特点，为孩子们积累相关经验。

这块展板呈现在户外，是自然角环境的一部分。

3
划出一块区域用于调查"喜欢吃洋葱吗？"，孩子们可以用笑脸和哭脸表示是否喜欢吃洋葱。

1
老师和孩子共同收集不同种类的洋葱，如红皮、白皮和黄皮洋葱，将照片张贴在墙面上。

2
孩子搜集、了解各种用洋葱制作的菜肴，将照片张贴在墙面上。

4
墙面上还有孩子解剖洋葱后对其内部结构进行的记录。

5
主题展板下方是自然角的一块区域，里面种植着孩子们带来的洋葱。

可触及的
生活与科学

将主题展板和自然角进行结合是一个很棒的设计，老师为孩子创设出了一块"洋葱实验区"，交给孩子们自己去观察与探究，从而得出洋葱是否有用的结论。

1
孩子们可以在自然角每天观察洋葱的生长变化。

3
老师预设的调查板块"喜欢吃洋葱吗？"以及孩子自己收集的各种洋葱菜肴，引导着孩子尝试品尝这种对人体有益的但有着特殊气味的食物，让他们学着关注食物的平衡性与多样性。

2
还可以对洋葱进行实验解剖，发现内部的秘密，如纹路的结构与切开后越来越浓烈的气味，借助多种感官充分体会洋葱的内外差异。

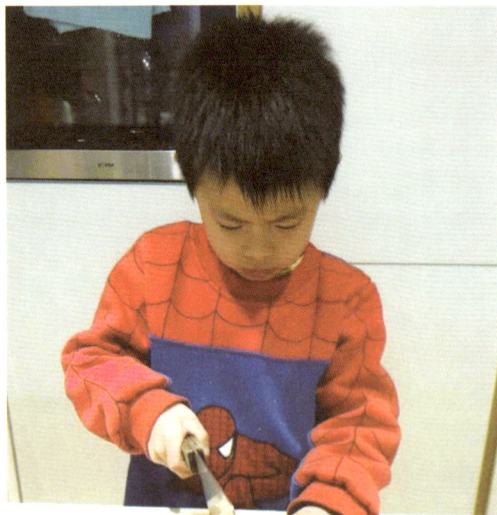

4
当然，在特别提醒、教育孩子样样东西都要吃的同时，要把握分寸，避免教条。如何让有特殊气味的食物变得好吃，做出孩子接受的口感，才是成人应该下功夫的地方。

1

羽羽和甜甜在切洋葱时发现洋葱的里面和外面完全不一样，外面是一种颜色，里面有白又有紫，横着切像轮胎、棒棒糖，一圈又一圈；竖着切像桃子，从大到小包裹得紧紧的。于是他们横着切切、竖着切切，一片一片洋葱片出现了。甜甜一不小心用摸了洋葱的手擦了一下眼睛，哇，眼睛睁不开了呀，感到辣辣。羽羽切到最后，眼泪不由自主地掉了下来。

洋葱的秘密阅读书

2

东东和小雨在自然角里发现自己的洋葱底下长出了一根一根白花花的东西，小雨一边笑一边指着洋葱说："我的洋葱年纪越来越大了，白胡子越来越长了。"

3

在切洋葱的过程中，凡凡问："为什么切洋葱会掉眼泪，没有切开来的洋葱闻起来也有味道，但不会流眼泪呢？"成成问："生洋葱辣得会让人掉眼泪，为什么烧成菜吃起来有点甜呢？"

采样来源 大班　供稿者 沈莹

这是大班"我自己"主题下的主题墙"我们的身体"。其中包括了
"我长大了吗？"和"我的信息库"两块区域。

1
"我长大了吗？"主要由三个圆框构成，分别代表身高 100-
110 厘米、111-120 厘米、121-130 厘米。孩子可以在对应的
圆框内贴上大头照记录自己的身高。

2
在圆框外，孩子们用绘画的方式表
达自己对长高的期待。

3
"我的信息库"区域悬挂着小册子，班级中
的孩子每人有一册。记录的是自己的一些信
息，包括身高、体重、换牙情况、爱好、家
庭住址、联系方式等，孩子可以在上面进行
持续的记录和信息调整。

从单一表征
到多元表达

在对应的圆框里插入标记对孩子而言是最简单的记录方式，但孩子可以从三个圆框的对比中了解自己和同伴的身高，进一步懂得量的相对性。如果在旁边有身高线标准，就会更加直观且可以对比。

"我的信息库"成为补充、扩展、延伸的记录，对孩子而言难度提高了，可以记录孩子们对自己的认识，从身高、体重、换牙，到个人的喜好，联系方式等。每一个孩子在表达自己想法和情感的同时，也彼此感受和体会着"写画"的方式，激发起书写的愿望，发现彼此成长过程中的特点与不同，这正是大班后期孩子所需要的前书写经验与自主表征的学习过程。

老师还可以更进一步鼓励孩子时不时地在册子上记录一些自己的生活小故事，这些故事可以选择与同伴分享，也可以仅仅自己观看。

这种记录如果成为常态，每个孩子都能获得几本自己的记录册。若干年以后，再看这些记录，应该会让不断长大着的孩子们和家长产生情感触动吧。

墙面上有一块预留出的空白区域，孩子们用自己的方式在上面自由地表达长得高的诀窍与对长高的期待。

2
佳佳在记录本上设计了一张名片，他对好朋友说："我的名片上有我爸爸、妈妈、奶奶的电话。你可以随时随地找到我！"

1
贝贝在记录本上画上代表自己的美少女，还贴卜最爱的猫咪贴纸。

3
多多说："少用手机，辐射会让人长不高。"

4
贝贝说："长高了能当模特。"

5
班级里有两个人身高范围在 100-110 厘米。

有 一 种 环 境 叫 "我 看 不 懂"

"哎呀，挺高大上啊！"

一群老师对着不同班级的墙面布置啧啧赞叹：调查表格式统一、张贴美观；问题墙色彩交错，"问题"满目；动物们造型可爱，及目有趣。但当把参观老师换成 4-6 岁的孩子时，一切似乎都变了，高大上隐约变成了"高大伤"——高深、大人爱看、孩子伤不起，因为他们看不懂别人的调查表和自己的调查表有什么不一样；他们也不知道提出了问题之后，要怎样去发现答案，或者有谁能够来帮助他们解答；面对憨态可掬的动物造型，他们不知怎么向它表达自己的体验和感受。

本章节，让我们一起掀起"看不懂"的面纱，条分缕析，渐渐豁然。

案例 1：
棋类规则小贴士

采样来源　大班　　供稿者　徐竹筠

1

大班孩子最喜欢的游戏之一就是下棋，老师经常会在活动室内张贴一些关于游戏规则的小贴士。

1
上半部分展示棋类的名称，告诉孩子这个活动区有四类棋子可以进行游戏。

2
下半部分是关于四类棋子的游戏规则，用图文结合的方式予以呈现。

大班孩子的逻辑思维开始萌芽，
喜欢下棋打牌的孩子越来越多，
懂得玩法与学会遵守游戏规则
之后会让下棋更加充满乐趣。

老师用图文结合的方式展示游戏规
则，表示老师希望孩子能自主阅读
和理解说明、自主选择玩伴、自主
玩下棋游戏，并自觉遵守规则。

老师制作的这块展板非常精致，
可能是考虑到下棋游戏的氛围，
所以展板从造型到色彩，与其他
活动区的说明相比，显得更加稳
重，也暗示孩子来此处游戏时需
要保持安静，需要多动脑子，需
要认真博弈。

但是这样的明示和暗示，到底
有多少孩子真的能看得懂呢？

"机械化"的
统一表征

1

整个游戏规则以大量文字表述的方式出现，不符合大
班孩子的阅读特点，也就无法达到让孩子通过自主阅
读进行理解与自主游戏的目的。

2

也许是为了让文字性的规则提示更加"格式化"，或
者是为了展板更加美观，四类下棋游戏的规则说明都
是三条，导致有的表述明显不够精准，可能只有已经
会下某类棋子的孩子才能理解。

世界上很多棋子的玩法与规则是一样的，所以来自各地甚至是各国的孩子，无需语言，只要有一盒跳棋，就可以一起玩起来成为朋友。

案例中的这四类下棋游戏，都有一套通用的玩法与规则，老师不妨想一想：应该花费点时间教一教孩子如何玩，陪他们一起玩，让他们体会到博弈的乐趣与完整的规则，还是要辛苦忙碌于做类似的说明，让孩子艰难地自己解读、自己尝试。哪一种会更适合呢？要知道，会下棋的孩子也许能看懂，不会下棋的孩子则看不懂。

或者，如果在部分孩子学会玩法之后，再由孩子来解释给同伴听的话，其他孩子是否会更容易理解呢？

让规则理解更简单、更自然

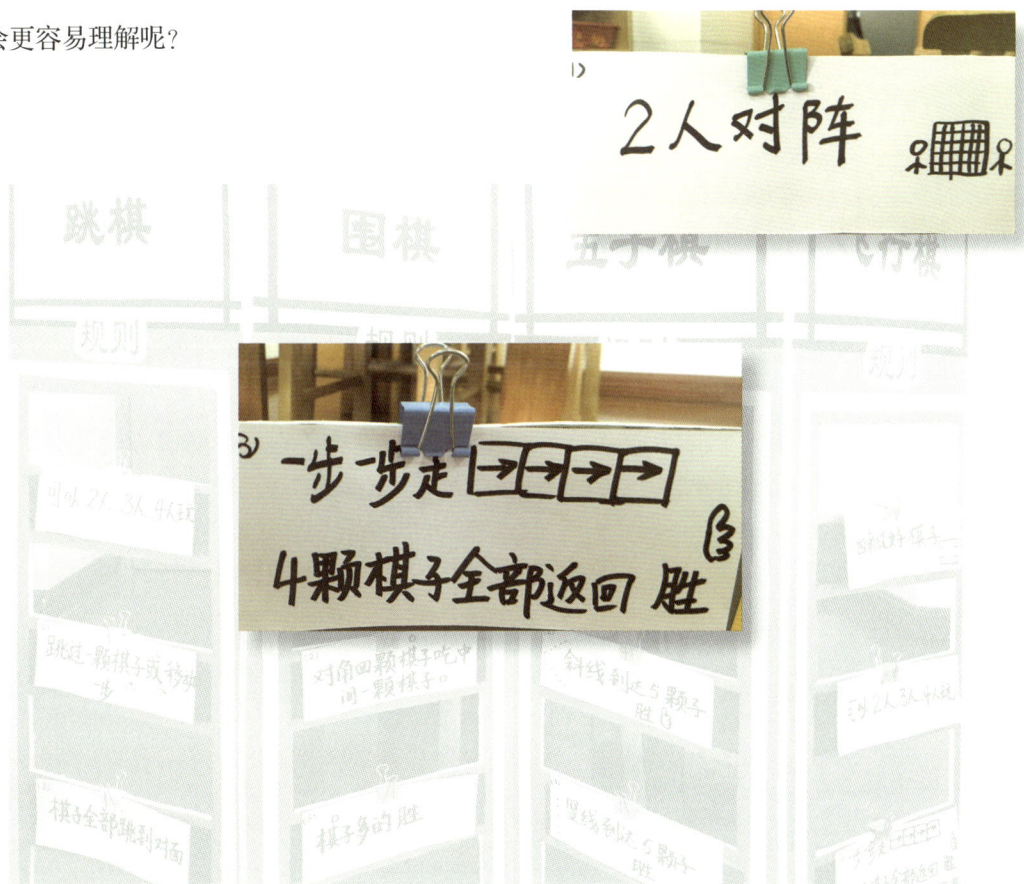

案例 2:
爸爸的简历表

采样来源 中班　供稿者 陈娴琼

在"我爱我家"主题背景下开展了一项关于爸爸的调查，孩子们将调查表展示在墙面上。

1

调查表的内容包含爸爸的外貌、职业、年龄、属相、喜好和强项。表格中有的地方要求爸爸填写，有的地方要求孩子用图画表现，也有的地方要求爸爸和孩子合作完成。

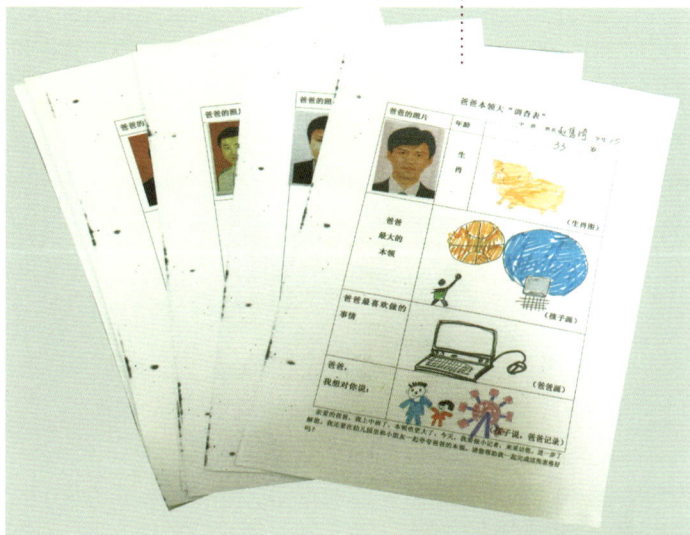

2

完成的调查表用长尾夹装订成册，悬挂在"我爱我家"的主题区域中。

从调查表的设计可以看出，老师希望这项调查活动能够由孩子和家长共同完成，而不仅仅是一件交给家长完成的任务。

在填写表格的互动过程中，孩子不仅可以对爸爸多一些了解，同时也能增进亲子之间的情感。

需要填写的内容是孩子能够理解的，调查的结果也鼓励以绘画、照片的形式来表现，最终装订成册，投放在环境中，便于孩子在日后的活动中反复翻阅和加深理解。

但是，这种基于老师统一设计和要求的调查表是否是最好的形式呢？

调查过程任务化

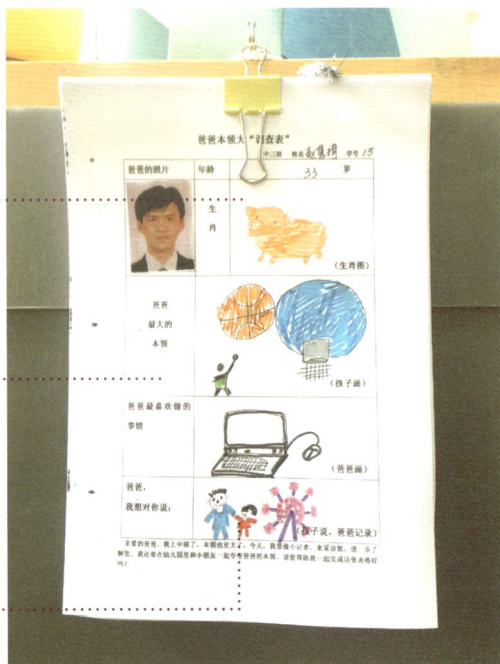

1

所有的调查表被简单地装订成册，呈现方式不够直观显性，经过前后反复翻阅后孩子才能比较与发现，对大部分中班孩子而言，这样的阅读过程有一定难度。

2

调查的内容由老师预设，有的项目看上去更像一份爸爸的简历表，填写方式也由老师规定，缺少孩子自主、个性的需求和表征。

3

调查表显示，内容表述基本上都是家长的手迹，少有孩子参与的痕迹呈现。

调查表上的调查项目可以由幼儿自主设计一部分，让调查内容因为差异而带来更多丰富有趣的调查结果。

如果调查不是一次性的作业，可以允许孩子持续性地完成，或者孩子可以选取家庭中的其他成员进行调查，孩子们的兴趣与能力会不会再有所提升呢？在尊重主题活动提示的前提下，对活动内容进行适度拓展，鼓励孩子对其他家庭成员开展自己喜欢的调查，是否也会在一定程度上加深孩子对其他家人的情感，促进孩子在调查过程中的思维与能力发展呢？

调查表的呈现可以更加贴近中班孩子的阅读特点，张贴的方式要便于孩子在比较中进行发现与理解，例如并列张贴，更利于孩子阅读、比较或统计。

老师的预设可以再往后退一点

案例 3：
游戏星星榜

采样来源 大班 供稿者 王丽琴

在一个大班活动室的墙面上，张贴着一张"游戏星星榜"。

1
老师选取了活动室里
的四个游戏内容，拍
成照片后贴在星星榜
最上方。

2
老师收集红、黄、蓝、
绿四种不同颜色的星
星夹子，将它们分别
夹在游戏照片旁边。

4
孩子完成照片上的一个游戏
后，可以从照片旁取下一个
星星夹子，夹在自己大头照
旁的透明塑料槽上。

3
游戏照片下方是班级中
每个孩子的大头照。

95

老师希望通过这种方式激励孩子们尝试一下所有的游戏，同时也可以培养孩子自我计划、自主评价的能力。

那么，老师的设计意图究竟有没有转化为孩子的实际行为呢？

三周后，只有少数孩子的大头照旁出现了星星夹子。问题到底出在哪里呢？

忽略了孩子的
兴趣和差异

星星榜上，只有完成游戏才能夹上象征荣誉的星星夹子。那么，"完成"的概念到底是什么？怎样的操作与行为才叫"完成"？是完成一份老师预设的标准答案式的作业，还是源于自己兴趣的发现与探究？

兴趣是孩子选择游戏内容的原动力，老师要尊重孩子的兴趣和个体差异，尊重孩子在游戏进程中的不同发展水平。就游戏环境的创设而言，更要注重孩子对活动内容的自主发现和操作体验，而不是完成一份老师认为应该完成的"作业"。

星星榜能否反映出孩子对哪类游戏最关注？孩子的关注程度是否可以成为对老师、对课程的显性评价？

星星榜是否可以变成已经玩过游戏的孩子自主记录或设计的游戏推荐？这样的设计是否更加符合大班孩子自主活动的过程与结果？星星榜是否也可以变成反映孩子们专注玩游戏的照片墙？是否可以变成不同游戏的成果展示？

以孩子的视角
反映星星榜

案例 4：
你知道吗？

采样来源 大班   供稿者 王芳

4

老师介绍说这是大班"我自己"主题背景下的一个问题墙面设计。每一张画就是一个问题，由孩子自问自答，或孩子问家长答。墙上的问题有很多，例如：

人为什么会生病？
人为什么要换牙？
小孩为什么要早点睡觉？
人为什么要吃饭？

人为什么要运动？
人为什么在吃东西前要洗手？
人困了怎么办？
怎么保护我的眼睛？
……

Ⅱ 有一种环境叫"我看不懂"

"我自己"主题中有一项内容是"了解自己的身体特征和生长变化"，老师根据这个要求，鼓励孩子提问，并由此创设了问题墙。

但是，细读问题墙上的问题，会发现虽然这些问题来自于孩子，但并不聚焦在对自己身体特征的提问，而是反映出孩子对有关人的一些普遍现象的兴趣。

另一方面，自问自答或者孩子问家长答的方式看起来更像是亲子合作完成一份"回家作业"。

对孩子、老师、课程来说，这样的环境创设意义又有多大呢？

从主题要求上
"跑偏"了

上海市学前教育二期课改教材教师参考用书中，"我自己"主题的内容与要求主要有三条：

1. 了解自己的身体特征和生长变化；

2. 在认识自我的过程中，建构积极的自我意识，为自己的长大而自豪；

3. 能充分展现自己与众不同的特点和优点，体验集体生活的快乐。

这三条要求指向孩子对自身的感受与认识，从而引发孩子在认识自我的基础上更好地与同伴相处，建构良好的集体意识与社会性情感。

这与问题墙反映的孩子的关注点有所差异，从一个侧面体现出老师对主题内涵的解读与理解尚有不足。

老师在引发孩子提问的时候可以引导孩子更加关注自身特点，启发孩子发现彼此差异带来的乐趣与意义。

作为活动主体的孩子，他们会在老师的引导下发现自己身上的特征，也许还会据此提出一些有趣问题。

那么，作为家长和老师，又该怎样面对孩子的提问，并给予个性化回应呢？仍旧可以使用问题墙来解决这个问题，孩子不仅可以在问题墙上自问自答，同伴间还可以互动问答，让信息在孩子间得到共享。

让孩子关注
自身特点

案例 5:
周围有人吗?

采样来源　中班　　供稿者　王芳

中班正在开展主题"周围的人"，活动室的墙面上有一块主题墙面。

1

主题墙中间是老师画的以拟人化
动物为造型的各种职业装扮画。

2

四周张贴着不同职业涉及的相关工
具，这些工具的选择来自老师的预
设，由孩子用绘画进行表现，裁剪
后根据职业分类呈现。

主题墙上呈现了一些职业以及工具。

老师希望孩子能够了解工具和某个职业之间的关系，因此工具的展示与职业相互对应。

但是，展示的这些工具对这个职业而言到底有什么用处呢？

孩子们无法通过墙面了解更多的关联信息，也无法感受这些职业带给他们的劳动经验。

信息表现
概念化

抽象的职业工具无法真正展现这些职业的特性，也无法让孩子体会到这些职业和他们日常生活的关系。

主题"周围的人"的内容与要求是：让幼儿学习关心周围人们的活动，了解常见社会成员的工作及与他们之间的关系，并尊重他们的劳动。

这些要求是建立在中班孩子社会性情感发展特点之上的。对中班孩子而言，他们更关注家人劳动与自己生活之间的关联，要让他们对社会上的一些职业与劳动产生兴趣，需要提供更加直观的信息和体验。

老师是否应该从尊重孩子年龄特点出发，由近及远地引导孩子对职业产生兴趣和探索欲望，并在墙面上呈现和梳理探索的经验过程。

例如，尝试以孩子熟悉的社会职业为切入口，引导孩子有针对性地思考、梳理这些职业与自己生活的关系，如教师、警察；然后再扩展到 1-2 个平日可能"熟视无睹"的社会职业，启发孩子去观察、探索，了解这些职业带给人们生活的意义，鼓励孩子用自己喜欢的表征方式予以表达表现，如邮递员、轨道交通安全员；也可以引导孩子换个角度思考，假如没有了某个职业，自己的生活会变成什么样，如"城市缺少了清洁工会怎样"、"当我们的医院缺少了护士姐姐会怎样"，从而加深孩子对常见职业的认识，萌发他们对劳动者的尊重情感。

将概念经验化

案例 6:
朋友好在哪里?

采样来源 中班　供稿者 杨艳

墙面"我们都是好朋友"属于中班"幼儿园里朋友多"的主题环境。

2
墙面的下半部分粘贴着手拉手
的剪纸小人，这是孩子们美术
作品的展示。

1
墙面的上半部分粘贴着纸盘小
人、自画像小人，形态各异的
五官、发型代表着孩子们身边
的朋友长相各不相同，这是师
幼共同完成的作品。

老师希望通过这种墙面创设方式，
引发孩子关注同伴，产生乐于与
同伴友好交往的情感和意愿。

但是，所选择的表达内容与方式，
是否能够引起孩子的情感共鸣与
关注呢？

表达过于抽象

1

布置在墙面上的不同造型的纸盘人、手拉手的
剪纸人，更多表现的是一种艺术造型，并不能
让孩子充分感受到和好朋友在一起快乐生活、
友好交往的情景与情感。

2

另一方面，从审美角度而言，
墙面布置的主体也不够凸显，
作为背景的大树等元素有点喧
宾夺主。

墙面布置可以多元反映孩子之间的真实交往。不要仅仅局限在表现某一生活场景，而是要从孩子的一日活动中自然捕捉，通过镜头或画笔，留下孩子之间不经意间的友爱与交往的时刻，让孩子在记录、观赏、分享中进一步体验到寻常时刻的生活交往及其带来的美好与情趣。

表现最自然、最真实的交往内容

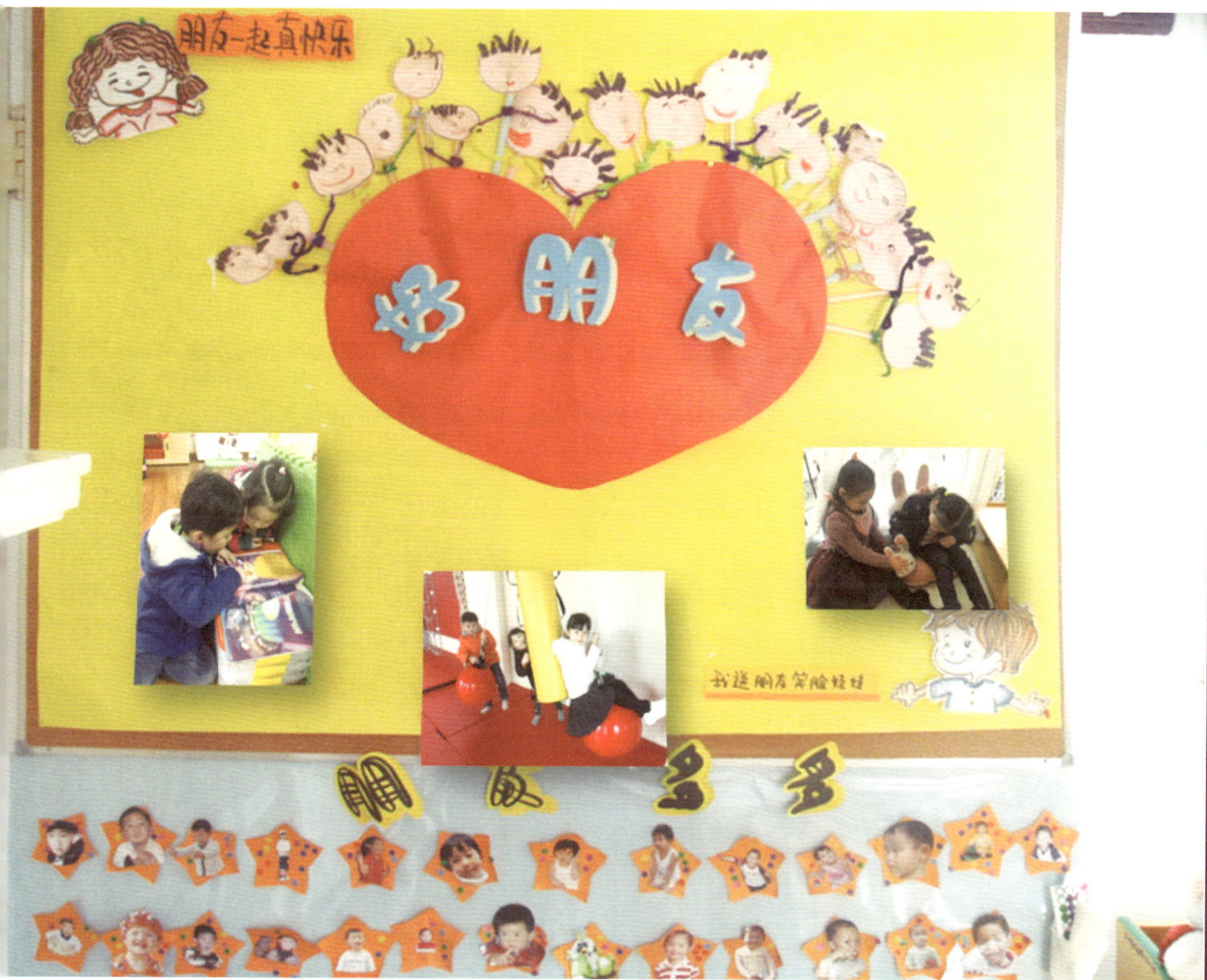

案例 7：
小当家

采样来源　大班　　供稿者　王丽琴

大班下学期，在大二班门口的墙面上，醒目地布置着一块"小当家"的
班务墙面。

1
"小当家" 工作内容有共同约定的，也有自主
生成的，如这张画表示"外交官" 想帮助小班
弟弟妹妹安全下楼梯。

2
孩子按周轮换担任"小
当家"。此岗位需要
经过自主申报、同伴
互评产生。被推选到
的孩子自主地戴上箩
筐里的工作领巾作为
标志，为集体服务。

3
墙面上张贴有"外交官"、"整理员"、"领操员"、"卫生员"
等不同的"小当家"称号，这是孩子们共同讨论后产生的。

凸显年龄特点的自主性

进入大班下学期，孩子各方面的行为习惯与学习能力都需要进一步为幼小衔接做好准备。

1

"小当家"工作内容，由孩子自己约定生成，培养了孩子的集体归属感，让孩子学习成为自主管理的主人。

2

"小当家"的人选需经过自主申报、同伴互评产生，孩子需要用小报、演说等形式申报、拉票竞争，这个过程培养了孩子对自我与群体的价值认同。

3

一系列"小当家"装扮材料由班内孩子提供，以此激发孩子自主建立服务过程中的责任意识。

1

小欧竞选"小当家"，但得到的票数很少。这件事让他体会到平时交朋友的重要性，他反思说"平时对人家不能太凶"。

2

在自主申报"餐厅小当家"的过程中，冬儿因为个子小而被同伴质疑，结果他请了两个好朋友帮助一起搬桌子、排椅子，被其他孩子夸奖"小个子也能搬动大桌子"，令冬儿开心不已。

3

铃铛有点内向，不敢在全班孩子面前竞选，但他也想成为"小班长"，于是他请妈妈在家拍摄了竞选视频，老师播放给全班孩子看，最终铃铛成功当选。

4

"小班长"会在每天中午的"班会十分钟"里组织大家游戏，有时选的游戏太难了，有时选的游戏只有部分孩子喜欢玩。一段时间后，"小班长"发现了哪些游戏是孩子们都喜欢的，于是活动组织得也越来越好了，"班会十分钟"成为孩子们每天最期待的时刻。

案例 8:
跟着朋友去旅行

采样来源 大班   供稿者 王丽琴

"跟着朋友去旅行"是大班"我是中国人"主题背景下的环境创设内容。

1

如果想知道好朋友去过哪里，可以根据大头照的提示，
找到好朋友的游记，翻一翻、看一看。

2

如果想知道中国究竟有哪些好吃
的食物、好玩的地方、好看的景色，
可以直接翻阅好朋友制作的旅游
相册，跟着朋友去"旅游"。

115

读得懂的
旅游相册

1

通过这样一个开放式的环境，引发孩子与环境、
同伴的互动，萌发他们去旅游的愿望，让他们
对祖国的地大物博也能有粗浅的体验。

2

游记（或旅游相册）由
亲子合作完成，围绕孩
子感兴趣的、熟悉的、
便于介绍的内容来制作。
主要使用图片、游玩时
的场景照片、孩子自己
的记录符号等表现形式
来呈现，避免了成人化
的文字介绍，有助于孩
子回忆与交流。

1

阳阳早上来幼儿园，带了一根蓝色的哈达，他请大家猜猜
这根哈达为什么是蓝色的，还给我们跳了一段藏族舞。菲
菲说："下次我去西藏，也要带回来一根蓝色的哈达。"

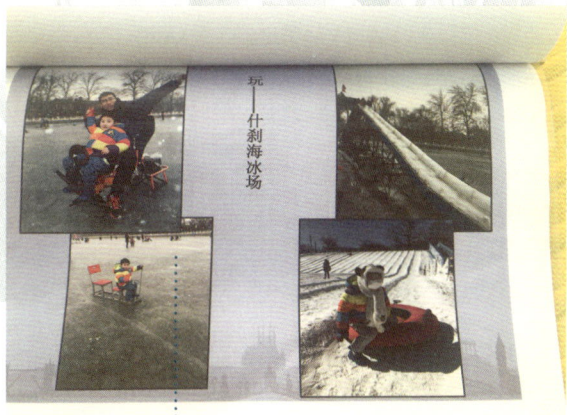

2

双双跑过来向老师请假："下周我不来
啦，我要去海南岛玩，我会给你们带很
多很多的椰子糖、椰子糕！上次晨晨带
给我们的椰子糖太好吃了。"

3

丁丁拿着浩浩的旅游相册，指着上面冰
做成的滑滑梯、房子说："这个地方太
好玩了，我让爸爸开车带我去。"浩浩说：
"很远的，要坐飞机去的！"

案例 9：
爸爸调查表

采样来源 中班　供稿者 陈娴琼

"爸爸本领大"的调查表展示在游戏橱柜的背后。

1

调查表的内容并没有具体限定，只是划分成几个板块，孩子将自己调查到的关于爸爸的若干信息分别记录在不同的板块内。

2

人部分孩子都使用了绘画的形式进行记录，其中部分调查表用了少量文字作为注释。

3

每张调查表上都贴有对应的磁条，孩子使用点读笔触碰磁条，可以听到爸爸们对自己的语音介绍。

对调查结果的理解无障碍

1
调查的内容不完全由老师预设，孩子能根据自己的兴趣对爸爸开展调查，实现了"我的调查我做主"，而不再是被动地完成老师布置的任务。

2
调查表的设计简洁美观、板块清晰，将更多的留白空间留给孩子和爸爸进行表达表现。

3
调查表的展示位置合适，便于孩子随时进行观察和操作。

4
最棒的还是磁条配点读笔的设计，因为每个孩子的表征各不相同，相互阅读理解便产生了障碍。而点读笔的使用，增强了调查结果的可理解性，帮助孩子读懂同伴的调查表，同时又能亲耳听到爸爸们的亲切声音，富有情趣。

5
假如调查的家人对象再丰富一点，也许会更加凸显"我爱我家"的情感。

1
看看另一个案例中的主题墙：蓝色的"微海报"是由爸爸和孩子共同制作完成的，海报上的内容有老师建议的（如爸爸的爱好、本领），也有每个家庭个性化的设计部分（如爸爸的拿手菜、爸爸带我看世界等）。

2
海报的表征方式多样，每个家庭可以根据自己的喜好进行设计，如使用照片、手绘、剪贴等形式。

3
老师将海报张贴在墙面上，使用不同的色块进行区分，再配以可爱的、直观的卡通图案，将爸爸的本领分类呈现，使孩子更容易理解。

120

1

萌萌用点读笔读完调查表后，跑过来问莹莹：
"你爸爸的声音这么好听，是歌唱家吗？"
莹莹回答："不是的，我爸爸是话剧演员。
他还在上海大舞台表演过呢。"

2

醒醒和桃子一起看调查表的时候，讨论起来："我
爸爸属猴""我爸爸也属猴""我爸爸是警察""我
爸爸是海军""我爸爸教我学游泳""我爸爸教我
学轮滑"……

案例 10：
气象记录

采样来源　中班　　供稿者　王丽琴

10

在一个中班活动室的门口，有一块"天天气象"的记录墙面。

1

左侧的第一、第二个盒子里放着四种常见的气象图标。

2

月份牌可替换。

3

日期牌可灵活移动。

4

左侧第三个盒子里放着一些代表重要活动的图标，如生日、外出大活动和节日。

5

图标、记录纸可以方便地插入和取出。

6

左侧第四个盒子里提供有记录纸和笔，孩子可以在纸上自主记录当日温度或其他内容。

7

右侧的记录墙上有月份、星期的信息。孩子可以根据当天的气象情况和活动情况，选择气象图标、活动图标，写上当日温度，然后插入右侧墙面的对应日期凹槽中作为当日记录。

8

孩子可以观察比较不同月份间的最高温度、最低温度，统计晴天、雨天的天数，从而发现时间推移过程中季节变化的一些特征。

9

老师将之前月份的气象记录拍成照片，并排展示在当月记录墙上方。

可操作、可持续、可统计的气象记录

这个气象角最有意义之处，就是关注了气象与月份时间变化的关系。记录气象是一种科学活动，通过对收集的信息与数据进行统计与分析，从而发现其中的奥秘。

老师为孩子提供了可重复操作的记录工具，并用照片的形式保留了孩子的过往记录，供孩子在收集、记录、统计与分析中，学习发现这些数据与月份时间变化的关系，体验大自然的神奇。

如果老师能更进一步，有意识地引导孩子梳理月份时间与季节之间的联系，继而引发其对季节与自己生活的联想，产生尊重自然、适应自然、保护自身健康的意识，那这个记录可能有更大的价值，也能与孩子们关于气象预报的生活体验产生更紧密的联系。

这是另一个大班的"天天气象"墙面布置，相比而言，这类记录形式更加自主，但记录的表征方式也更为抽象。这样的"天天气象"，基于预报信息，又超越了预报功能，发挥了科学活动与人文情怀的双重作用。

1
运用了数轴进行气温变化的记录。

2
运用了色彩图标表现不同的气象情况，如红色是晴天、蓝色是下雨、黄色是多云、灰色是阴天，对孩子来说，具有一定挑战。

3
同时，大班孩子也在上面自主记录了一些生活大事件，如蓝纸上的画记录了孩子们参观小学的日子和情景。

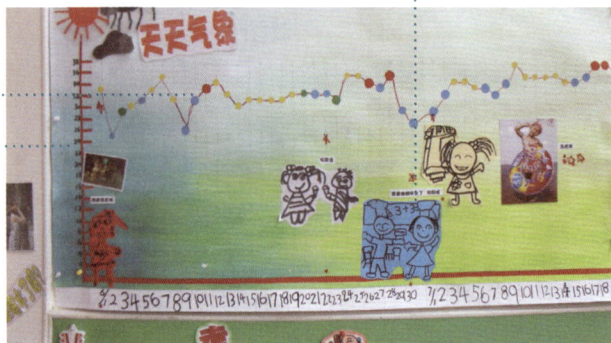

1

"老师老师，怎么有那么多的雨天啊，十月份的雨天太多了，"佳佳指着气象墙说，"好久没有玩大滑滑梯了。"乐乐说："我们可以在大厅里玩跳椅子呀，也很好玩的。"

2

今天默默带了一张爱莎公主的贴纸来，一进教室就问："老师，琳琳来了吗？我要送她生日礼物。""你怎么知道琳琳今天过生日？""气象墙上有啊，有她的名片夹呢！"

3

琪琪拿了一张空白的记录纸，在上面画了一圈又一圈，一边画一边嘴里不停地发出"呜呜呜呜"的声音。她跟大家说："今天会刮强烈的风。"

125

案例 11：
职业我知道

采样来源 中班　供稿者 徐竹筠

中班"周围的人"主题活动正在开展，老师要引导孩子有目的地观察成人的世界，了解：他们是谁？他们在做什么？他们是怎么做的？

1
墙面上贴有不同行业劳动者的图片，选择的都是具有代表性的
职业：教师、医生、理发师、建筑工人、警察等。

2
孩子将自己对墙面上出现的职业的了解用
绘画的方式表征出来，老师将这些作品张
贴在职业形象图片的右侧。有的孩子还画
出了自己和这个职业之间的关系。

3
孩子们对医生、教师和建筑工人这些
职业的表征内容最丰富。

动态而多元的
经验表征

1

提供给孩子的画纸并不大，孩子们用单线条描绘自己的经验，精准地反映出感受最深的所见所闻，这是中班孩子已经具备的绘画能力，表现得也简单易懂。

2

老师预设的这些典型职业是与孩子生活经验关联度较高的，容易反映出孩子对同一个职业的不同经验，进而分享交流这些职业的工作内容与孩子之间的关系，这也正是"周围的人"主题的目标要求。

3

从孩子的信息中，老师可以发现课程生成的内容。如对警察，孩子的经验只局限于指挥交通和"抓坏人"，所以，老师可以引导幼儿去进一步发现警察与自己生活中还有哪些关系。

4

孩子可以在这块墙面上不断添加内容，动态地展示出自己在生活中不断获得的经验。

1
茂茂的爸爸是警察，每次小朋友争抢玩具的时候，他就急着说："别抢啦，再抢我就让我爸爸用手铐把你铐起来。"

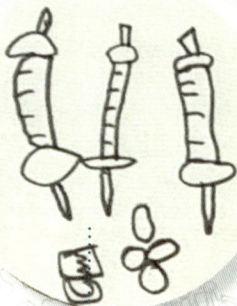

2
一诺最怕打针，可又常常生病。在角色游戏中，他最爱扮演医生给病人打针，并说："不疼不疼，就像被蚊子咬一口一样。"

3
佳佳最喜欢做老师，吃饭的时候就和别人约好："快点吃哦，吃完我们去玩'小老师'。"吃好饭后，佳佳带着七八个孩子一会儿点名，一会儿唱歌，玩得不亦乐乎。

案例 12：
孩子眼中的苹果
和橘子

采样来源　小班　　供稿者　杨艳

这是小班主题"苹果和橘子"的墙面布置。

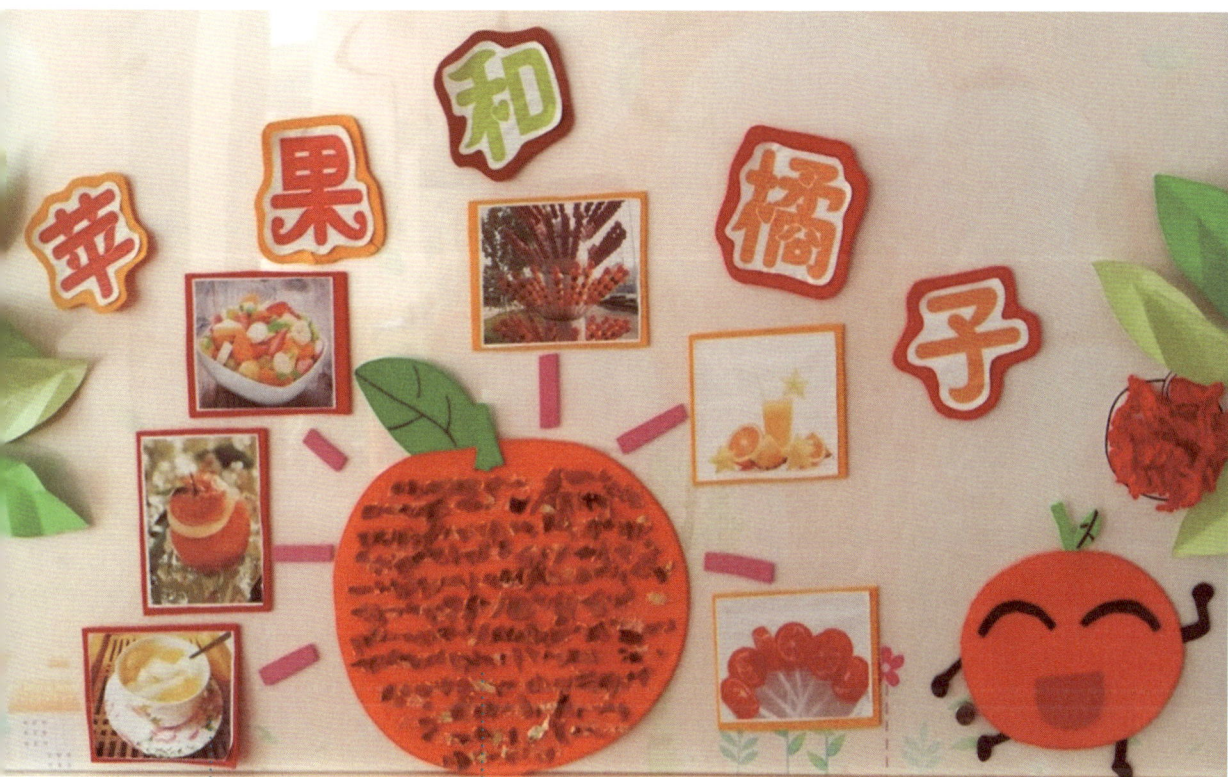

1
中间的图案代表苹果和橘子这两种水果。

2
四周的小图片呈现的是苹果和橘子
在日常生活中的不同吃法。

131

辐射状的思维线索，形象化的经验再现

围绕中心扩展陈列的展现形式能够支持孩子进行简单联想，便于孩子读懂画面，了解与回忆自己在生活中对橘子与苹果各种吃法的经验。

老师有意识地引导孩子观察墙面，也能激发孩子交流不同的吃法，最终得出因为苹果与橘子营养好，所以大人们才想出了那么多好吃的做法这一结论。

老师也可以激发孩子对没有吃过的方法进行尝试的兴趣，积累更多吃水果的体验，进而养成爱吃水果的习惯。

如果主题墙下能放一排真实的苹果和橘子，供孩子直接触碰、探索，对孩子们会更有吸引力。

1

彤彤昨天带来了一根棒棒糖，大家都想要。今天彤彤又带来了
一大袋水果糖，对其他孩子说："我带奖品来啦，有橘子味的，
有苹果味的。"孩子们争着说："我要，我要！"

2

乐乐今天穿了一件新衣服，跑过来就问老师："老师，你看，
我的衣服上有红红的大苹果，好看吗？"老师说："好看好看，
摘一个给我尝尝。"乐乐接着说："假的呀，这跟那个不一样
的。"她边说边用手指着主题墙下放着的一排真水果。

133

案例 13：
我要上小学

采样来源 大班　供稿者 周瑾

每年的五月，各个幼儿园的大班都在开展"我要上小学"的主题活动。

这个期间，老师创设了一面主题墙，呈现孩子们在进行"参观小学"活动前后一周的经历。

整个墙面被划分成三个板块。左边部分标注的日期是 5 月 4 日，呈现的是孩子们对即将去参观小学的一种期待；中间部分标注的日期是 5 月 8 日，呈现的是参观小学过程中，老师拍摄的孩子们的活动情景；右边部分标注的日期是 5 月 10 日，呈现的是孩子们参观小学后的发现。

1

5 月 4 日

"我们想看看哥哥姐姐吃饭的地方是什么样子的。"

"我们想看看小学操场的跑道大不大，体育课上哥哥姐姐在干嘛。"

2

5 月 8 日

孩子们在看操场的跑道，

孩子们在参观图书室，

孩子们在参观电脑房，

孩子们在参观实验室。

3

5 月 10 日

孩子把自己在小学看见的、发现的情景与幼儿园里的进行对比，在墙面上表达出来：幼儿园的跑道是直的，小学的跑道是弯的；小学里的图书馆很大；小学里的午餐是在自己桌上吃的，没有餐厅……

135

以时间为轴
串联前后活动

每个孩子都对上小学充满了向往，在恰当的时候，用合适的方式进一步激励他们的这种情感，是实施幼小衔接的重要内容。

在这个墙面上，以时间为轴，将孩子们参观小学的前后活动串联起来。孩子们带着"小学是什么样"的期待，有目的地走进小学参观，学做一天小学生。在这个探索的过程中，孩子们根据自己的好奇，去发现和探究，最后还把自己的感受和体验表达出来。这是一次小小的发现之旅，在主动丰富和积累经验的过程中，孩子们提升了自己对小学的认知与情感。

墙面上形象而富有逻辑的呈现方式，便于孩子直观阅读、回忆与理解，将自己与同伴共同活动的前前后后，用自己的方式讲述出来，在一定程度上增进了他们对进入小学的良性情感体验，对他们的阅读与表达能力也起到促进作用。

1

幼儿园里的跑道一跑就跑完了，很短的，小学
操场上的跑道是弯的，可以一直跑下去。

2

幼儿园老师陪我们游戏，还唱歌跳舞，
小学老师是边在黑板上写字边上课的。

3

小学有很大的图书馆，书架上有很多很多书，
书架很高，拿书要请老师帮忙。

137

还 有 一 种 环 境 叫 " …… "

一位老师困惑："什么样的环境是好环境？教室里布置的环境似乎总是缺了一点点，少了一点点，又或者多了一点点，真是众口难调的'作'环境啊。"可我们有没有想过孩子们呢？有没有发现，环境其实是为他们所创设的呢？属于他们的环境在现实中却往往最顾不得他们。到底什么样的"一点点"是孩子们喜欢的、在乎的、受益的、乐在其中的？或许，我们搞懂了这些就会更明白、更清晰、更能坚持一点点。

本章节，让我们一起去探寻，哪些"一点点"才能转化成孩子们喜欢的每一点。

案例 1：
高高的小猴纸袋

采样来源 中班　供稿者 方伦裴

从这块墙面上可以看见，孩子们以牛皮纸纸袋为材料，在过猴年的春节当口儿，自制出小猴纸袋，老师把这些作品一个个挂在墙上展示出来。

纸袋是生活中非常实用的物品。

老师很智慧地在猴年即将到来之际让
孩子自己制作，让寻常的纸袋充满了
猴年的年味，孩子们稚拙的修饰也让
纸袋充满了俏皮的感觉。

但是，完成的作品放在哪里呢？

让孩子设计小猴纸袋的用意仅仅是
为了好看、为了装饰吗？

纸袋的价值
过于单一

孩子自制的小猴纸袋被老师高高地挂在墙上，成为了墙饰，
当然并不是说这样不行。

但是，老师是否可以更进一步思考，是否可以让孩子制作完
成的物品真正成为可用的用具或玩具，对孩子而言，这样的作品
意义可能更大。

把小猴纸袋
用起来

1

如果孩子每天拎着自己做的小猴纸袋，装着自己喜欢的玩具、用品或图书来到幼儿园，小猴纸袋的意义是否更大一些？

2

如果孩子拎着这样的纸袋给爷爷奶奶、外公外婆送去猴年的新年礼物，小猴纸袋的意义是否更大一些？

Ⅲ 还有一种环境叫「……」

案例2：
静静的脸谱

采样来源 大班　　供稿者 杨晓蕾

这是一个大班活动室内的美工活动区。

2

右边的卷轴展示着对京剧角色和脸谱意义
的解释，借此拓展孩子关于脸谱的知识面。

1

左边的卷轴上展示着一些生活中会见到
或孩子们喜欢的脸谱的照片。

3

卷轴前方的矮柜上陈列着孩子已经完成的
脸谱作品，老师将其以样例的形式进行展
示，供全班孩子观赏。

在大班主题活动"我是中国人"中，老师以脸谱作为切入点，将中国的传统国粹——京剧和孩子喜闻乐见的脸谱面具结合在一起展示陈列，贴近孩子的生活经验。

老师还提供了一些材料让孩子去欣赏、模仿、表现及创造，从展示的作品中能看到孩子对脸谱已经有了一定的了解。

老师以卷轴为载体创设与脸谱相关的环境，既充满了中国元素又拓展了孩子的主题经验。

但是，老师将孩子制作完成的脸谱仅仅展示在环境中，是否充分发挥了这些脸谱的作用呢？

脸谱的价值
过于单一

将孩子的作品纳入环境中作为摆设，发挥了作品的范例与欣赏的作用。

但对于孩子而言，脸谱更应该被玩起来。如果这些固定布置于环境中的脸谱被孩子戴起来，被用于装扮游戏中，是否进一步增强了孩子们对脸谱的兴趣与理解呢？

老师可以逐步引导孩子去探索：如何将脸谱固定在自己脸上，使制作完成的脸谱回归孩子的生活，成为表演游戏的道具之一。孩子会让自己的创作与游戏联系起来，一方面更有兴趣了解不同脸谱代表的意义，另一方面也学习着自己制作所需要的脸谱。玩着自己创作的脸谱，孩子们的游戏过程会不会更加充满乐趣呢？

试着把脸谱用起来

案例3:
班级公约谁在约?

采样来源 大班　供稿者 龚烨晗

四月花开时节，一份"我们的约定"班级公约出现在大班的活动室内。该公约内容以"幼儿园一日生活"为主，反映的都是孩子的良好行为习惯和文明礼仪交往原则。公约以图文并茂的形式呈现，既有工整的文字，也有孩子手绘的图画。

进入大班下学期"幼小衔接"的
关键期，一份"班级公约"在环
境中的作用是毋庸置疑的。

对即将进入小学的大班孩子来说，
这是一种心理暗示，督促着他们
养成自我管理的习惯。

但是，这个公约中的内容是不是真的
契合这个年龄段的孩子特点以及对他
们的要求呢？

公约内容
过于浅显简单

公约里的内容来自于孩子们自己的约
定吗？显然，公约中部分内容对此时临近毕
业的大班孩子而言较为浅显，很多行为习惯
早已养成，无需再通过班级公约进行关注，
如"小椅子两手拿"，"6步洗手不忘记"、
"排队喝水"等。

大家一起来
讨论公约内容

1

聚焦"班级公约"这个议题，师幼间可以通过集体商讨和对话，确定适合目前班级实际情况的共同规则与约定。

2

"班级公约"内容不仅可以关注孩子的生活习惯，也可以拓展到孩子的活动中去，如商议游戏规则、运动规则等。建立规则不是最终目的，让孩子充分体验制定规则、遵守规则的过程，认识遵守规则给自己和同伴带来的意义才是最有价值的。

案例 4：
喝多少水合适？

采样来源 中班 供稿者 吴术燕

老师在茶桶厨的一侧创设了一块"喝多少水合适？"的墙面。

1

三只水杯中蓝色部分代表倒水量的多少。

2

"笑脸"与"哭脸"图案分别代表喝水时盛水量的合适与不合适，即老师通过图案暗示，只有第二张图中的倒水量才是合适的，第一张和第三张都不正确。

从创设的环境中可以推测出老师想通过三幅水杯表情图来引导孩子自主喝水。

让孩子掌握正确的倒水量，避免浪费，这个设计意图完全没问题。

但是，用这样的图案引导孩子喝水，与日常生活中孩子实际喝水的情况会不会产生矛盾呢？

保教要点变成了标准化的刻板规则

喝水是个体的生理所需，是体现孩子能否自主生活的标志之一。孩子每次喝水，喝多喝少均由其自身需要而决定，不渴时可以不喝，也可以只盛一点点水润润喉咙；如果出了很多汗，可以盛一大杯水来补充身体需要的水分，当然水多得溢出来是浪费。所以，倒水多少到底有没有标准呢？或者说是否需要标准呢？

其实，即使没有这块"喝多少水合适"的墙面，孩子也能按照自身需要喝适量的水。

如果确实存在水倒得过多的现象，老师也可以在日常观察的基础上，对个别有此行为的孩子进行针对性的引导。

老师在与孩子相处的一日活动中，其自身的饮水习惯与倒水方式，其实也会对孩子起到示范和教育作用。

变刻板划一的提示
为日常互动

Ⅲ 还有一种环境叫「……」

案例 5：
"家"就是"全家福"

采样来源　中班　　供稿者　吴术燕

中班正在开展"我爱我家"的主题，活动室内有一面主题墙。

1
墙面被布置成一扇窗户的造型，上面错落有致地
排列着孩子们带来的全家福照片。

2
照片上，相当一部分是孩子在中间，爸爸妈妈
各在一边的模式。相框是在老师预设模板的基
础上由孩子制作完成的。

可以看出老师希望以窗户造型和
粉色的窗帘突出家的感觉，渲染
家的温馨氛围。

把孩子的全家福照片张贴在由孩子
亲手装饰的相框里，然后错落有致
地布置出来，从色彩设计到排列方
式都呈现出一定的美感。

但是，仔细看照片，全家福的内容
以摆拍为主。

在"我爱我家"的主题背景下选
择这类照片，又采用了统一的装
饰方式，似乎无法满足中班孩子
通过欣赏同伴的照片，感受不同
的家的温暖的需求。

情感表现单一

中班孩子基本上还处于在具体情境中学习、在体验中
理解的阶段。"我爱我家"的主题针对这样的年龄特点，
提出了以下目标和要求：

1. 尝试采用多种方式收集身边的信息，了解自己的家；

2. 尊敬父母和长辈，感受家的温暖。

这些主题目标的设定是从情感的认识与行为上，希望
孩子发现和体会自己家庭中的"爱"，并同时感受其他同
伴的家的温暖。照片其实可以用来讲出一个个具体的爱的
故事，而统一的内容与形式，似乎无法带给孩子更多的信
息和感受。

除了摆拍的全家福照片，如果孩子还能欣赏到更多表现家庭生活的照片，想必会引发他们更多的共鸣和交流的愿望。

例如，旅途中母女共读一本书、搬小凳子给择菜的长辈坐、骑在爸爸的肩膀上摸高、为下班回家的妈妈拿拖鞋、牵着外婆的手在沙滩上嬉戏等。

试想，如果老师把表现自己家的爱的照片也呈现给孩子欣赏，孩子又会产生怎样的情感反应呢？

一张照片
说出一个故事

案例6：
身体的"秘密"

采样来源 中班　供稿者 杨晓蕾

活动室里的一整面墙被布置成了"身体的秘密"的主题墙，上面展示着孩子在主题活动中获得的经验。

2

靠右是"爸爸的本领树"，亲子合作在手掌形状的调查表上以图画或符号记录下爸爸的本领，然后孩子将调查表贴在"本领树"上。

1

靠左有一棵"宝贝的本领树"，孩子在活动中介绍自己会的本领，老师提供相应的卡通图案，孩子先将图案粘在爱心纸上，再贴在"本领树"上。

4

还有一些表现"有趣的头发"的照片也零星地呈现在墙面上，孩子可以为同伴的照片换装、换发型。

3

在两棵"本领树"之外的空间，见缝插针地张贴着表现"我的小手会说话"的照片。照片上的孩子做着某个手势，其他孩子可以猜一猜这个动作的意思，每张照片旁还有老师自编的手势儿歌。

仔细观察这块主题墙，可以发现老师对主题内容的了解较为全面，主题墙上所呈现的都是对孩子活动情况最真实的写照和梳理，并且以孩子可以理解的方式予以表征，例如自己画的图片、照片、调查表等。

同时，也不难看出老师对这块主题墙的创设其实是有自己想法的。

例如，"宝贝的本领树"和"爸爸的本领树"遥相呼应形成对比；老师精心创编了手势儿歌解释照片中的动作意义；大树周围四散着的照片也表现出一种较为自然的场景，就像小伙伴们在树下散步、猜手势、做游戏一样。

但是，这块主题墙的内容实在太丰富了，是否可以在表现形式上再优化一下呢？

内容多
呈现挤

1
较多的内容拥挤地掺杂在一起表现，对孩子的刺激过多，难以静心观察。

2
铺满的呈现方式，让内容板块之间，缺少留白与空隙，影响基本的审美效果。

1. 强调视觉上的审美性

在整个墙面的设计上，可以关注一些美的基本要素以及中班孩子美术能力发展的规律。5岁孩子基本能够分清深浅不同的颜色，且初步具备区别各种细微色调饱和度的能力，所以，在色彩的处理上，老师可以考虑色彩的搭配、深浅与明暗的调和。在构图上，中班孩子喜欢把自己喜欢的事物放大、夸张，更加凸显其特点，所以在内容的组织上可以考虑更加集中一些。

2. 从孩子最感兴趣的内容出发

在关注孩子获得的主题经验全面性的同时，可以进一步审视本班孩子到底对自己身体的什么秘密最感兴趣，这个最感兴趣的点是否蕴含着主题经验，并以此拓展、聚焦，启发孩子根据事物的表面现象，尝试进行事物之间内在联系的探究与发现，进而记录表

融审美
与教育于一体

征。但是不能仅仅把孩子的已有经验通过记录的方式全部罗列出来。

例如，手指上的指纹有什么秘密？可以得出什么结论？让孩子在印指纹、展示指纹、观察指纹、比较指纹的过程中，发现人体指纹的唯一性特点，并进一步探究与展示科技发展是如何利用这一特点，赋予了解指纹新的意义。主题墙可以集中展示这个活动获得的经验。

案例 7：
来自四海八荒的
水果宝宝

采样来源 小班   供稿者 龚烨晗

7

正值11月，为配合小班"苹果和橘子"主题的开展，老师结合"秋天的水果"的内容，创设了一块墙面——"水果宝宝的聚会"。

墙面上贴有各种造型的"水果卡片"。孩子事先分好组，每组用一个水果命名，该组内的孩子制作这种水果造型的卡片，卡片通过亲子合作完成。

1
卡片上贴有孩子的照片、全名、昵称、英文名。

2
还有来自孩子的简单涂鸦和贴纸装饰。

老师设计这块墙面的
用意很明确。

除了契合"秋天"、"水果"
等主题元素外，也考虑到孩子
入园只有 2 个多月，班内还有
个别孩子无法将同伴的脸与名
字联系起来的情况，所以将多
重内容融合在一起展示。

但是，孩子真的能看清楚、
看明白吗？

缺少美感
和实用性

1

墙面布置缺少了一点美感，整个板面
色彩杂乱、布局随意，略显凌乱。

2

墙面布置缺少了一点实用性，过于小的大头照使孩子无法
看清照片上的人物，也就无法实现老师设计的熟悉同伴的
初衷；"水果卡片"看似来自亲子制作，实质成人思维浓厚，
小班孩子很难看懂其他孩子在卡片上所表达的内容。

1. 设计上尊重孩子的年龄特点

根据小班孩子对色彩以及线性排列的喜好，可以用最简单的方式呈现卡片，即按照孩子的组别分类，将同类的"水果卡片"以孩子易于阅读与辨认的方式呈现，或横向，或纵向，简单清晰。放大卡片上孩子的照片，方便辨认，让孩子直观地感受与发现卡片与同伴的对应关系。

2. 把卡片当作名片用起来

利用一些碎片化时间，老师可以经常陪孩子一起玩"猜名片"的游戏，通过看看、想想、猜猜，进一步辨认和分清班级里的每一个同伴，也引导孩子关注和了解墙面上的内容。

还名片以真实用途

3. 名片制作要听孩子的

"水果卡片"的实质是孩子的名片，通过亲子合作完成。制作前，老师要与家长沟通，提醒家长不要包办，应该与孩子共同商量名片上的内容，协助孩子完成制作，在这个过程中培养孩子的自我意识。

案例 8:
我和爸爸在一起

采样来源　中班　　供稿者　杨晓蕾

活动室的墙面上有一块区域，标题为"我和爸爸在一起"。上面贴满了孩子和自己的爸爸在一起的快乐时光照，传递出浓浓的亲情。

我和爸爸在一起

生活中的真爱

走近这个墙面，一张张写实、温馨的照片映入眼帘，每一张照片都是一个孩子与爸爸之间爱的故事，传递出不同的父爱的温情、智慧与力量。

孩子可以看着这个墙面，观赏着自己和同伴的照片，分享照片中的故事，感受爸爸对他们无微不至、浓浓的爱。

类似这样的情感墙，可以根据孩子解读照片的经验和能力适时更换，增添新的故事和聊天话题。

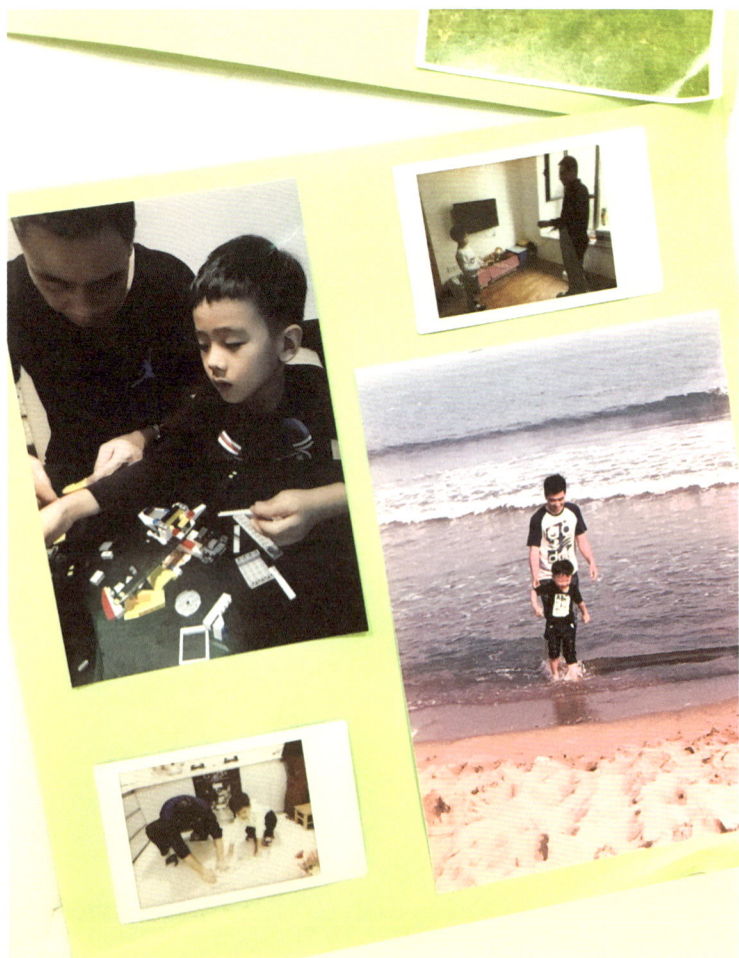

孩子们来到主题墙前，兴高采烈地讨论着：

"看！我的爸爸是大力士，他会陪我玩各种惊险的游戏。"

"我的爸爸是工程师，搭乐高时，任何难关都难不倒他。"

"我的爸爸最搞笑了，每次讲故事都惹得我哈哈大笑。"

"我的爸爸每天早上起床都会和我一起刷牙呢！"

"我的爸爸每次和我下棋的时候，一会儿批评我，一会儿夸我，我真是吃不消他。"

……

案例 9：
奇妙的朋友

采样来源 小班   供稿者 杨晓蕾

9

小班正在开展"动物花花衣"的主题活动，活动室内的一面墙被老师布置成了主题墙"奇妙的朋友"。

1
长颈鹿、斑马、猎豹等图案以拼图的形式呈现在墙面上，孩子可以进行拆分和拼合。

3
墙面上还设计了一些立体的展示架，上面陈列着使用动物皮毛进行装饰的多种生活用品的实物或孩子添画完成的物品图片。

2
将孩子添画完成的黑白皮毛的动物图案裁切后张贴在墙面上，在一旁放上对应的动物头套，孩子可以选择头套戴在动物图案上。

Ⅲ 还有一种环境叫

基于年龄特点的
互动

斑马是黑白皮毛动物的代表，围绕在它周围的是孩子们画的另外几种拥有黑白皮毛的动物。为这几个小动物戴上可爱的动物头套，便产生大头小身体的有趣形象，十分富有童趣。这几顶帽子还能随意取放，供孩子们在游戏中佩戴使用。

老师在创设这个主题墙的时候充分考虑到了小班孩子的年龄特征——喜欢可爱、直观、互动性强的内容。

为突出"动物花花衣"的主题，老师选择皮毛极具特色的长颈鹿（块状）、斑马（条状）和猎豹（点状）三个动物，将它们的轮廓呈现在墙面上，身体以拼图的形式提供给孩子，让孩子在拼拼、玩玩、找找的过程中，可以很好地与墙面进行互动。

2

猎豹身上的花纹充满野性、独具特色，而且在生活中也被人们广泛使用。老师利用家长资源，和孩子共同收集了生活中有豹纹元素的物品，以展示架或镜框的形式将其陈列在主题墙上，供孩子们在游戏中取用装扮。这样不仅使收集的物品能够与孩子产生互动，而且让小班孩子直观感受了动物花花衣在生活中的应用。

角色游戏开始了，昕昕戴着企鹅帽开着出租车，萌萌和小言戴着老虎和奶牛的帽子手拉着手去菜场买菜，辰辰、笑笑、翀翀戴着熊猫、斑点狗、雪豹的帽子在首饰店认真地串着珠子……教室一下子变成了一个热闹的动物园。

案例 10：
红红绿绿吃出健康

采样来源 中班 供稿者 沈逸珺

墙上有红、绿、黄三个色框，框内有一些食物的图片，老师似乎在用这种方式为食物分类。为什么要分类？又以什么作为分类依据呢？

1
红、绿、黄色框上方对应地贴有"红灯"、"绿灯"、"黄灯"的文字。

2
由孩子依据最好不食用、少食用、多食用的标准对食物进行分类，把不同食物的图片分别放入不同颜色的色框中。※

※ 编者注：各区域中出现的食物图片来自于孩子的选择，照片仅呈现过程中的瞬间画面，并不代表选择的绝对正确。

容易迁移的辨识度

　　"好吃的食物"是中班的主题内容。其目标指向是让孩子尝试认识一些常见食物的名称，简单知道食物的营养价值，增进孩子选择健康食物的能力。

　　大多数老师在创设这个主题的墙面时容易聚焦在"认识"上，很少会思考如何运用墙面让孩子做出"选择"。

　　这位老师用简单的、孩子熟悉的红灯、黄灯、绿灯作为标识，轻轻松松让孩子辨识出"选择"的依据。

　　老师智慧地运用了经验迁移的方式，将孩子对生活中"红黄绿灯"认知迁移至对食物的选择上，粘贴的食物图片也足够直接形象，一目了然。

午饭时，不爱吃蘑菇的蒙蒙看着碗里的蘑菇炒青菜停了下来，一边的宁宁关心地问："你是不是又不想吃蘑菇啦？你还是吃一点吧，蘑菇是绿灯区食物呢。"蒙蒙看了看墙面，低着头，犹豫了一会儿，吃了起来。虽然吃得并不香，但对蒙蒙来说，能够开口尝试就已经是一大进步了，老师看到后立即表扬了她。

下午放学时，老师在来接蒙蒙的奶奶面前又夸奖了一番。老师的意图是明确的，希望孩子在激励下能够尝试多种食物，哪怕是不喜欢的，尝一尝、试一试就是一种进步。

案例 11:
家家都有爱

采样来源　中班　供稿者　沈逸珺

中班正在开展"我爱我家"主题活动，老师在活动室内创设了一面"可爱的家"墙面。

1
宝宝、爸爸、妈妈的形象鲜明突出，墙面上针对三个角色划分出三块区域。

2
孩子将自己对此家庭成员的感知用图画表征出来，与同伴进行分享。

用形象化的表征
直观地展现
家庭成员间的爱

结合中班孩子的年龄特点，老师用较少的文字、孩子们的美术作品及照片剪贴组成了墙面环境，简明直观，也没有多费精力。

整个墙面没有介绍大道理，也没有拔高教育价值，只是从中班孩子的视角出发，呈现他们眼里的自己、爸爸和妈妈，突显了家庭情感，给了孩子表达内心感受的机会。

三个家庭成员分为三个清楚的板块，信息丰富但繁而不乱。

1

在爸爸板块里，呈现的是爸爸的脚印，突显出爸爸的强壮、高大。

2

在妈妈板块里，以剪贴方式直观呈现孩子眼中和心中感受到的母亲形象特写。

3

妈妈板块上还布置了一个怀孕的妈妈卡通形象，配以真实的妈妈怀孕照，引发孩子思考：大肚子的妈妈美不美？

4

在宝宝板块里，用孩子家庭成员的手掌印制作而成的花朵，代表家人们盼望着孩子的到来。

5

孩子的眼睛像妈妈还是像爸爸呢？墙面成为孩子仔细观察和比较的平台。

6

从"房屋剪影"可以看出孩子的作品是"我家住哪里"活动的延伸，经过老师拼贴组合后成为墙面环境的一部分，一物两用，轻松省力。

润润的妈妈快生第二个宝宝了，润润对自己即将成为哥哥充满了期待。

添添对润润说："你妈妈是个大胖子！"

润润说："因为我妈妈肚子里有小宝宝了呀。"

"大肚子一点都不好看！"

"我妈妈说要吃很多很多有营养的食物，肚子里的小宝宝才会更加健康。所以每个怀宝宝的妈妈都会变得胖胖的。不信，我们去看照片。"

于是，润润带着添添来到"大肚妈妈美不美"的照片墙边，一边看着各个妈妈的大肚照，一边讨论了起来。

案例 12：
爸爸的领带

采样来源　中班　供稿者　沈逸珺

中班正在开展"我爱我家"主题之"爸爸的领带"活动，老师引导孩子做出了领带作品。

1

孩子们设计出不同的领带样式与花纹。

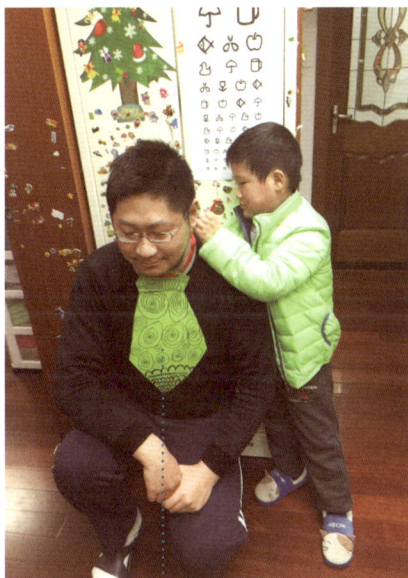

2

老师请孩子将领带作品带回家赠送给爸爸，再拍下当时的照片带来幼儿园。

3

老师将照片张贴在主题墙上供孩子共同欣赏、分享交流。

情感从幼儿园
延展到家庭，
再回到幼儿园

一般孩子的绘画作品多用于活动室内
的展示，怎么让简单的作品发挥出更大的
价值？老师需结合孩子的年龄特点及相应
的主题目标进行深入思考。

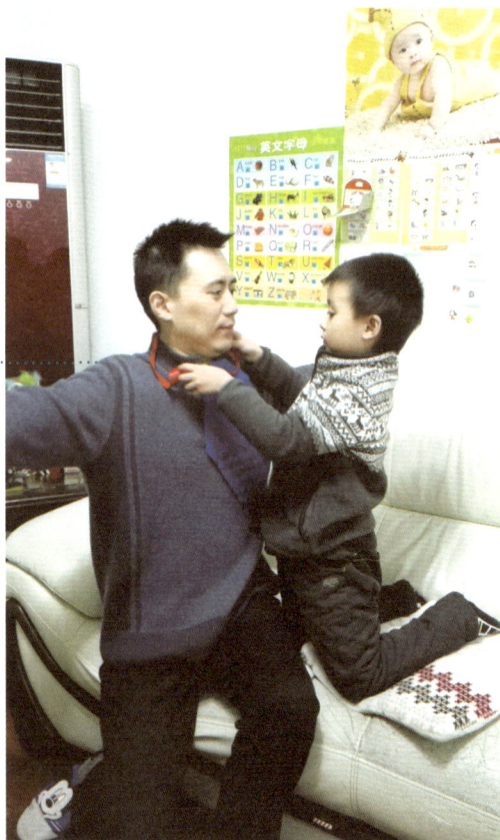

1
活动"爸爸的领带"的重点落在"爸爸"
上，老师可以在美术活动结束后引导孩子
回家与爸爸互动，赠送自己制作的礼物，
帮爸爸佩戴、双方亲昵对视，这些细节通
过照片保存下来，再次成为孩子回忆、交
流、分享的话题。

1

清晨，旺仔兴奋地走到幼儿园门口跟保安叔叔说："老伯伯，你要不要领带呀？"
保安一脸纳闷地笑着问："哪来的领带呀？"旺仔一脸得意，说："我画的呗！"
一旁送旺仔入园的爸爸笑着说："原来我的领带不是限量版的啊！"旺仔嘿嘿
一笑，转过头对爸爸说："爸爸，我给你做的领带今天上班要戴哦！"

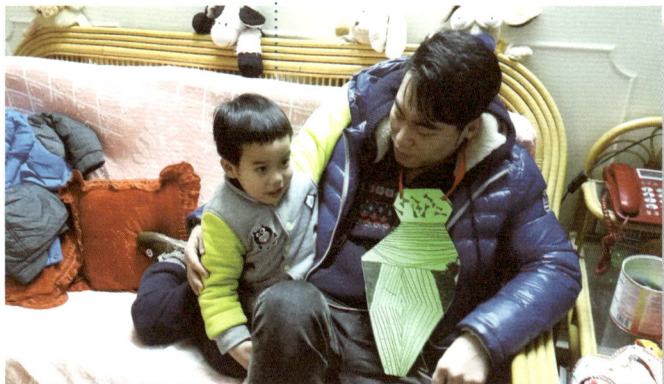

2

放学的时候，小其爷爷特意等在门口与老师交流：
"最近小鬼怎么那么有爱心，给他老爸、我、外公
都做了一根领带，还要求我们天天戴着。隔壁老王
看到我的样子笑死了！"小其亲昵地靠在爷爷身
上，哈哈大笑。

187

案例 13:
我是中国人

采样来源 大班   供稿者 沈逸珺

大班正在开展主题"我是中国人"活动，老师创设了一块主题墙面，粗看是一大张中国地图，仔细观察，上面标注了很多孩子感兴趣的信息。

2
以实物、照片、视频（以平板为播放器）为信息呈现
方式，呈现了孩子们感兴趣的内容。

孩子们对中国各地有着非常丰富的经验，如果对其不加筛选、梳理，一股脑儿呈现在主题环境中，反而会由于信息过量无法引发孩子的兴趣和进一步的探索，因此，老师聪明地选择了以下几个地点来聚焦孩子的经验：

★ 北京，展示重点是"国旗"；

★ 内蒙古，展示重点是"牛奶"；

★ 东北，展示重点是"玩雪"；

★ 海南，展示重点是"玩水"；

★ 新疆，展示重点是"食物"。

这几个重点或者说切入点选得很妙，从墙上孩子们的照片可以发现这些切入点其实都来源于孩子的旅行和生活经验。

老师没有拘泥于简单地罗列孩子们提供

梳理经验
凸显重点

的图片，而是深入挖掘孩子与重点地点之间的关联，通过经验提炼、突出重点，让孩子们的经验得到交流和碰撞。

孩子不仅可以清晰在地图上观察到自己及同伴的经验痕迹、作品呈现，还可以通过设置在一旁的问题墙、相关图书进行更进一步的探索，还可以通过平板欣赏动态的视频。

1
孩子对内蒙古的了解从牛奶开始，孩子们探索了牛奶从生产到饮用的过程。

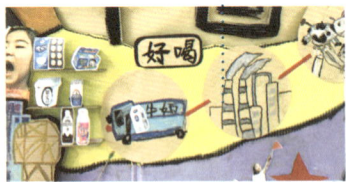

2
孩子对东北的印象是"玩雪"，墙面上张贴了很多孩子冬天到这里旅游的照片。

3
从北京附近的展示内容可以看出，孩子对国旗出现的时间和地点进行了调查与分享。

4
新疆特点以实物模型的形式展示在墙面上，孩子不仅可以看到，还能摸到、闻到。

5
东北的"玩雪"与海南"玩水"形成对比。

190

　　早上，多多一进入活动室，就异常兴奋。"我昨天去耶里夏丽吃了新疆菜。"他一脸得瑟地问，"你们吃过烤羊肉吗？你们吃过大盘鸡吗？你们喝过老酸奶吗？"

　　卡卡睁大眼睛回答："烤羊肉我吃过的，我最喜欢吃了。你吃了几串？我一下子能吃 3 串！"

　　一旁的西西听到后，冲过来问："你在那里有没有看到美女姐姐跳新疆舞？"多多马上回答："当然看到了，太好看了！"西西接着说："老师在 iPad 里放了新疆舞视频，我们一起去看吧。"

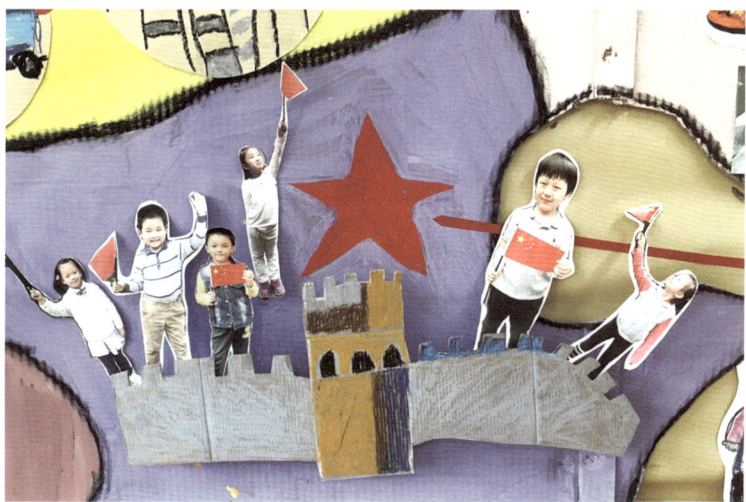

案例 14：
厾厾去哪儿了？

采样来源 大班　供稿者 吴术燕

大班盥洗室内的墙面上有一块"㞎㞎去哪儿了？"的墙面布置，老师以图画的形式画出了㞎㞎的"旅行"过程：

1
被抽水马桶冲走的㞎㞎并没有消失，
而是被储存在专门的储存器中。

3
部分被处理成水，排放到
江河湖海里。

2
㞎㞎处理工厂对这些㞎㞎进行处理。

满足好奇心的
应景性布置

在成人眼里不登大雅之堂的东西，往往让孩子们对其充满好奇。大班孩子越来越浓的探究心理，驱使他们对类似的话题大感兴趣。老师富有创意地把墙面设置在盥洗室里，非常应景、形象化地再现了处理屎屎的过程，让孩子知道屎屎去哪儿了，这既是生活也是学问。

整个画面的设计只呈现屎屎处理的核心环节，方便孩子阅读和理解，同时也让孩子萌发了不可以随意处置屎屎的意识，让孩子初步了解对环境的保护是自然地融入在日常生活里的。

一大早，欢欢拿着一本叫《身体的秘密》的图书，很激动地对老师说："你们只知道㞎㞎去哪儿了，但不知道㞎㞎是从哪儿来的吧？我这本书里有哦！"自由活动时，大家都围在欢欢身边想要看这本书，这群孩子俨然成了"㞎㞎小专家"。

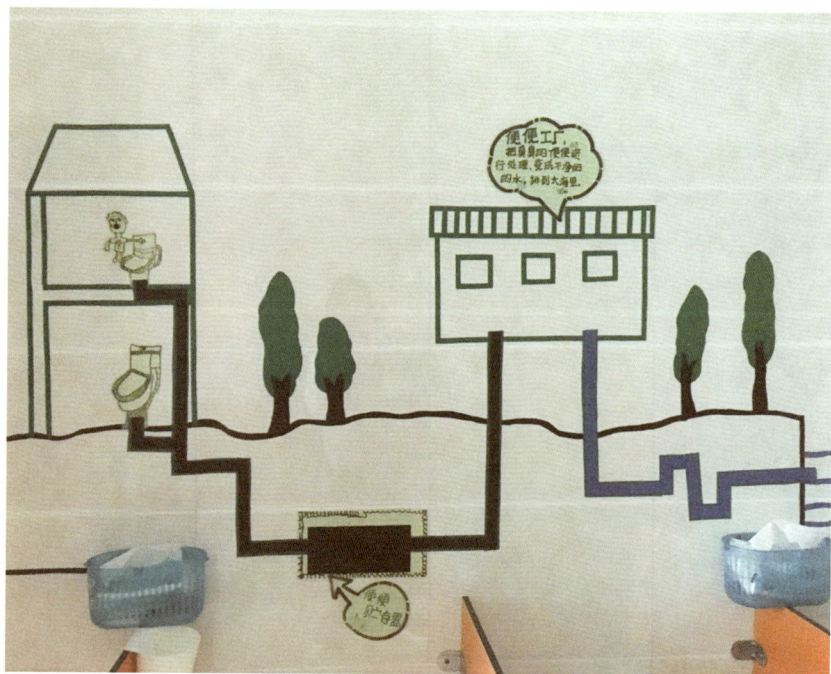

案例 15:
什么时候要喝水?

采样来源 大班　供稿者 方伦裴

这两张图分别是两个大班里关于如何喝水的墙面布置，每个墙面都提出了一个关于喝水的问题，再以图文结合的方式进行回答。

运动前后要及时喝水

天气干燥要多喝水

什么时候要喝水？

打好预防针要多喝水

身体不舒服要多喝水

便便太硬要多喝水

1
墙面上展示的是关于"人体什么时候需要喝水"的小提示。

多喝水好处多

2
橱柜上贴的是"多喝水好处多"的图示。

197

遵循生命需求的生活提示

喝水虽然是幼儿园一日生活中的一个环节，但却是不可或缺的。墙面上几个关于喝水的小提示虽然从文字上看描述内容不同，但就作用而言异曲同工，其实都是在回答"什么时候要喝水"。

大班孩子对喝水的生活经验以及对事物现象的思辨能力，让他们早已不满足于了解"我每天必须要喝多少水"，他们更需要了解"人为什么要喝水"。

所以，通过问题的方式引导孩子关注、讨论喝水对自己身体健康的重要性，了解喝水也是一种健康的生活方式，是将成人的保育目的与孩子的认知需求联系在一起的好方法。

乐乐感冒了，鱼儿走到他身边，关心地说："你要多喝水哦！"

自由活动时，老师正在帮当当止鼻血，菲菲赶紧拿来一杯水，担心地说："你快喝点水吧！"

圆圆打好预防针后来到幼儿园，一进班就对老师说："老师，我今天打了预防针，要多喝水。"

"老师，我打嗝了，我去喝杯水哦！"浩浩一边打着嗝，一边去倒水……

通过对墙面环境的阅读与分享，孩子们知道了喝水与身体健康的关系，了解了哪些情况下更要喝水的生活常识。

运动前后要及时喝水

身体不舒服要多喝水

采样来源 中班　供稿者 沈逸珺

中班正在开展"我爱我家"主题活动，为了配合主题，老师设计了"2016 全家一起来运动"的墙面。

1
墙面两边各有一根竖线，线上罗列着孩子常见的、较为熟悉的运动项目，以运动剪影的方式予以呈现。

2
孩子将自己的大头照作为选票标志贴在某个运动选项旁，以此选出"爸爸妈妈喜欢的运动项目"。左列选的是爸爸的运动，右列选的是妈妈的运动。

3
墙面左上角、右下角贴有被选择最多的运动项目及人物照片，照片中运动员的头像替换为爸爸妈妈的头像，让人一目了然地知道：爸爸们最喜欢户外跑步，妈妈们最喜欢跳健身操。

简单即丰富

老师将这块墙面与"我爱我家"主题相结合，试图引导孩子发现家庭成员的体育爱好，激发孩子的运动兴趣。

1

老师巧妙地运用孩子的大头照作为选票标志。选票的排列不仅可以反映出孩子个体意见，还可以便于孩子进行对比和统计，让其成为孩子学习的资源。

2

用爸爸妈妈的头像替换掉运动员头像做成的运动集体照，搞笑而富有情趣，当然操作起来也很方便。

　　小鱼儿指着运动墙问："你们找得到我爸爸吗？"其他孩子摇摇头。小
鱼儿指着照片上跑得最快的运动员说："这是我爸爸，帅不帅啊？"Bonnie
指着旁边一位运动员说："这是我的爸爸，他才帅呢！"小鱼儿接着说："以
后长大，我也要去跑半马。"说完，两个人笑了起来。

假如，给我和孩子一面墙……

"墙面是孩子的经验、孩子的学习，不是老师的炫耀。"

"我希望墙面上都是孩子们的足迹，而我只想用欣赏和崇拜的目光仰望着。"

‹ 微信 (1)　　**新书试读群 (23)**

崔岚

孩子眼前一面墙，虚虚实实，雾里看花

徐则民（教研员 特级教师）

当有一天，越来越多的教师面临着"创设环境"的挑战时，我们有必要静下心思考："教室的每一处环境是不是确保了每个孩子都熟悉且能与之互动？"关键，如若我们习惯反思："是不是布置一个春天的环境，孩子就认识春天了？""是不是追求一个有别于其他班级的环境，就是我们的最终目的？"……环境，才能真正有助于幼儿发展、凸显实效。

叶蕴（教研员 特级教师）

幼儿园环境墙面谁说了算？回答是异口同声的"当然是孩子做主"。既然理念如此清朗，为何行为谬误多多？似是而非的纷扰重重，人云亦云的痼疾难除，自我思辨的定力不足……如何走出"是与非"的迷局，唯有走近孩子、融入孩子、懂得孩子——你的世界我想懂。

袁萍（园长）

幼儿园环境创设永远是一种"痛"。一种是来自老师的痛，剪刀、美工刀，与红黄蓝纸交相飞舞，却得不到孩子的认可。另一种是来自孩子的痛，整天生活在看不懂、够不着的环境里是多么无奈。

崔岚

我们希望用一本书的阅读看清现实中的虚实，带领教师们思考：什么样的墙面设计才是属于孩子的。

许批

创作灵感源于我们蹲下身子听到孩子是怎么说的。

黄琼（教研员 特级教师）

这是一本具有独特视角的书，直观的图示、专业的解读，鲜明阐释了环境的课程价值及对幼儿发展的特别意义。"我够不着""我看不懂""……"值得每一位幼教工作者深深地思考、重重地追问！让环境说话，让环境成为幼儿发展的另一种"支架"，我们需要再出发……

郑惠萍（园长 正高级教师）

书的内容很棒！结构形式轻松且有浓浓的色彩感，透着一股现代的气息。书中的标题抓人眼球，有一股让人想读下去的欲望，也许不同的人有不同的读点，我更在乎的是孩子正在左右着班级的墙面布置，也许我以为这正是作者编著的初心吧！太智慧了！太接地气了！值得点一个大大的赞！

黄娟娟（教科院研究员）

崔老师又有新招了，崔老师总是带给我们惊喜和惊奇，这次的惊喜和惊奇来自她独特的视角和洞察力，还提供了独特的脚手架，支持教师，助教师成长。这本书体现了崔老师的风格：随心、随性中给人启迪、发人深省、让人获益。

陈青（特级教师）

"幼儿园的墙面环境"是一线教师"又爱又恨"的阵地，"倾情"付出也未必获得理想效果，因为褒贬没有定数。与老师们一同阅读此书，深深地被吸引。教师们边看边反思自己教室"墙面"，开始笑而跟进：还有一种环境叫"和我没关系"、也有一种环境叫"老师喜欢的"、更有一种环境叫"给别人拍照的"……同时，教师们也笑而思考，"心在幼儿之前，行在幼儿之后"，和孩子共建属于他们自己的环境。

姚健（特级校长）

看导读：有一种环境叫"我够不着"，有一种环境叫"我看不懂"。第一反应：还有一种环境叫"我想做，但却无从下手！"读完此书后，我想说：有一种环境叫"孩子看得见"，有一种环境叫"孩子参与进来"，还有一种环境是"教育价值的体现，情感态度的延展"。

王坚（《上海托幼》编辑）

看到书名就很感兴趣，切入口很小，一定会将问题解析得清清楚楚。翻看几页，"从问题中来，到问题中去"是最为深刻的印象，禁不住为之鼓掌。由此，翘首以盼书早点问世，和更多的教师一起来研究真问题。

崔岚

我们从一线取样，编制成红蓝两种案例，红篇通过"观察－思考－判断－改变"启示反思；蓝篇通过"观察－思考－有趣的发现"寻找亮点；提供的不是范例而是思考。

许玳

一本书，决定一种思考方式。

"这面墙是孩子能够表达心声的地方，尽管它可能不那么美观、漂亮。"

"让孩子成为墙面的主人：让孩子讲他们的墙面故事；让孩子看到别人的故事。而我，只是那个搭起'沟通'桥梁的人。"

"我想让孩子在这面墙画满他们喜欢的图案！
让孩子来设计他们喜欢的环境。"

应彩云（正高级教师）

细细品读，感叹崔老师利索外表下的缜密和浪漫：两种色彩表达了自己的风格和喜好——红，引导我们在问题面前依然保持热情；蓝，引导我们在紧张思考之余依然保持冷清。这种情感和思想的表达，我很喜欢！我相信：这本书，不仅使我们拥有了环境布置的一些理念和做法，更给予了我们一套教学研究的思维方法。对读者来说，这样的书意义深远，我要学习！

刘敏（成都市教研员）

拜读后，又一次审视幼儿园班级环境创设：零散拼凑的"板报"or课程的动态发展，教师"模仿"幼儿的笔触or幼儿真正的多元化表达，"作业"的展示or幼儿的作品，这些都等崔老师、许老师来告诉你：红色咋的了？蓝色哪个办？我们要透过环境创设看本质，通过观念和思维方式转变，把环境还给孩子吧！

方红梅（特级教师）

读此书第一感觉：实用；第二感觉：易懂；第三感觉：好操作。本书中的聚焦是环境创设中的真实情况，帮助教师发现问题所在，教师易于接受。图文结合，"学会质疑"，"学会提炼"，让教师对环境创设中的关键点一目了然，既发现问题，又学到了改进的方法。

黄凯（特级校长）

① 一直在寻找适合孩子"抬眼就能看到、伸手便能玩到"的好环境。我想，我是找到了。
② 此书好看。"图文""色彩"结合如同精美的绘本，在作者眼里孩子稚嫩的表征都成了艺术品。
③ 此书好啃。文中案例，直观地告诉读者什么样的环境于孩子是有价值的，适合任何对幼教感兴趣的人群去阅读和尝试，一点也不晦涩难懂。
④ 此书好做。本书提供了思维导图式的支架：细读——同步——提炼——设想。表面看来似无高深理论，实则遵循儿童深层次学习的规律，科学严谨。

潘丽华（特级校长）

一本颇具匠心，令人受益的书。它聚焦幼儿园中最最平常的课程实践"墙面环境"，精准的专业、独特的结构，向读者呈现了一种较为理性的思考方式。特别喜欢此书的编排，以红蓝两色呈现不同类型的图文案例，反思＋启示＋借鉴，一目了然，通俗易懂。

唐晓晴（教研员）

有一本书叫"我爱不释手"，喜欢这样的方式，自主不仅是阅读随性，更是学习随心；有一本书叫"我看不够"，每一个关于墙面环境创设的案例均似一颗颗小石子激起心中涟漪，我们身边随处可见却视而不见，红篇 VS 蓝篇，质疑 VS 提炼；有一本书叫"我会推荐"，相信看后，您定会像我一样爱不释手。

"让孩子去创造他们想要的世界吧！想说的、想画的、想做的……都可以用自己的方式呈现出来。"

郭佳佳（副园长）

喜欢喜欢，符合我和同伴们的需求。get 到三个关键词：1. 碰撞："红蓝大对抗"，理念大碰撞，尊重幼儿的需要，显现智慧的调整策略。2. 直观：以图文结合的方式，呈现环境创设的误区以及有效的改进思路，易于理解。3. 互动：有趣的互动问题引发我的反思与调整。

崔岚

> 让孩子真正成为墙面的主人，不仅需要教师改变惯性思维，更需要来自园长、领导、专家的支持。

许批

教师放手孩子，源自园长放手教师。

崔岚

> 如果园长认可书中的理念，教师实践起来会更有底气，也更能迅速看到改变。

陆敏（特级校长）

众多案例分析直面问题，指出了幼儿园环境创设存在的问题，从幼儿角度呈现目录，绝妙地让老师再次反省环境创设的重要性。幼儿教育中环境是教育之魂！这本书视角好，以小见大，意义深刻，非常喜欢，很接地气。

郑慧敏（示范园园长）

环境作为一种"隐性课程"，如何真正辅助幼儿成长，教师往往茫然。细细品读本书，红篇和蓝篇中鲜活的案例，引发的是思考，给出的是思路，实现的是改变，让教师从高高在上的理论向实践软着陆，可谓授人以渔。

许宏亚（园长）

很荣幸在第一时间阅读到了本书，它从教师日常班级环境创设中遇到的问题入手，分析缘由，破解难题。"墙有景，情为径"，墙面把我们带到了一个有景有情的儿童世界，更为我们如何促进孩子的全面发展提供了良策。

曹莉萍（园长）

幼儿园班级墙面布置是个"老掉牙"的话题，不用想就有好多话可说。崔老师的这本书真没说很多，却让人不再平静。它让我们从"一点点"想起，让那份司空见惯荡起阵阵涟漪；引着我们从"一点点"变……变……变……，精彩就在前方！喜欢这份"一点点"！

张之舒（新园长）

教师们做环创，最大的问题是"只会模仿，不知意图，不加思考，照搬照抄"。而打开这本宝典，最大的收获将是"学会观察、思考、判断和改变"。慢慢地，你会发现，原来不去思考的人生太无聊！

"孩子能在这面墙上看到自己的成长、同伴的互助、老师的关注、父母的爱。"

"我希望墙上有我们每天活动的身影，我和孩子一起讨论、一起制作、一起布置。"

以上教师的话语征集自崔岚老师主持的工作坊——"幼儿园墙面环境的那些事"。

墙面环境作为课程的主要元素之一，我已关注多年。近年来，师生共建环境业已成为广大教师的探索视角，自然也进入我和我的伙伴们的研究视线。我们以课题引领研究，赋予实践以审慎与缜密；我们始终坚守一线，又赋予研究寻常时刻的探索与反思。

工作室的老师们根据自己的实践，对所有案例进行了多次解读与反思、筛选与分析，并同时跟随课程实施的自然状态，回归课堂，同伴互助，避免纸上谈兵，所以这是一本真正来自于第一线的环境创设写真集。编写过程难免疏漏，不足之处，敬请指正，以鞭策我们前行。

本书主编崔岚，副主编许珌；全书框架与文体由崔岚整体设计，并对文稿文字进行统整；序言由崔岚撰写；龚烨晗配图；导读由崔岚与许珌撰写；案例供稿者姓名均附文中。

感谢我的工作室的伙伴们，我们聚在一起时的争论，回家伏案写作的辛劳，都将深深印在我的脑海里。

感谢所有给予我们这个课题以支持的专家和园长们，你们的专业建议与严格要求，促使我们思考并完善书稿，在此不一一罗列，但我们铭记在心。

交稿的今天，既是结束，亦是开始……

崔岚

2017 年 4 月 13 日